"Viver não é um sentimento ou um arrepio, mas uma decisão e uma atitude. Minha irmã, Pra. Raquel Lima, de forma prática, irá entregar a você chaves poderosas para que assim o faça. A Bíblia nos conta a história de Ana, que, por muitos anos, apenas chorava, amargurada, desejando gerar, mas Deus havia-lhe cerrado a madre. Até que, certo dia, Ana se levantou. Ela decidiu viver, e Deus lhe deu mais do que o bastante. Ela queria um filho, e, mais do que isso, recebeu um sacerdote e profeta. A palavra que vejo direcionada a você, mulher, é: *viva*, pois a sua atitude em viver lhe trará *mais do que o bastante!*".

Pr. Eliel Lima
Assembleia de Deus Vitória em Cristo

"*Viva* é um convite corajoso à vida plena que Deus nos prometeu. Raquel escreve com verdade, sensibilidade e fé, revelando como o amor do Pai transforma histórias e cura corações. Cada página é um despertar para o propósito eterno. Que este livro conduza você a viver o extraordinário de Deus sem reservas".

Deive Leonardo
Evangelista

"Precisamos de livros assim, que direcionem mulheres a cumprir seu destino na Terra. Raquel fez isso com excelência nesta obra".

Tiago Brunet
Ministério Casa de Destino

"Neste livro, a amada pastora Raquel Lima nos convida a valorizar o bem mais precioso que Deus nos concedeu nesta Terra: o dom da vida! Raquel é uma mulher simpática, otimista e cheia de vida, daquelas pessoas que irradiam alegria por onde passam, independentemente das circunstâncias. Sua fé inabalável nos inspira a enxergar a beleza e o poder de viver de maneira plena e abundante, mesmo em meio às lutas e adversidades. Por meio de palavras repletas de fé e inspiração, você será levada a caminhar com propósito, coragem e confiança no Pai, que é fiel em todas as suas promessas!".

Pra. Elizete Malafaia
Assembleia de Deus Vitória em Cristo

"Raquel é leal e corajosa. E coragem não é ausência de medo, mas a capacidade de prosseguir apesar dele. Ela a convencerá, com a própria vida, do porquê você também precisa crer. Raquel nos inspira, por isso escrevo estas linhas, representando a voz de várias mulheres que também gostariam de poder dizer a ela o quanto a amam e o quanto desejam celebrar sua vida: 'Viva! Viva, Raquel Lima!'. Obrigada por essa obra linda, minha amiga — essa obra linda que é a sua vida".

Pra. Camila Barros
Assembleia de Deus Vitória em Cristo

Cole sua foto aqui

(início da sua jornada)

RAQUEL LIMA

Viva

UMA JORNADA DE FÉ, ESPERANÇA E MILAGRES

Vida

Vida
EDITORA VIDA
Rua Conde de Sarzedas, 246 — Liberdade
CEP 01512-070 — São Paulo, SP
Tel.: 0 xx 11 2618 7000
atendimento@editoravida.com.br
www.editoravida.com.br
@editora_vida /editoravida

VIVA: UMA JORNADA DE FÉ, ESPERANÇA E MILAGRES

Todas as citações bíblicas e de terceiros foram adaptadas segundo o Acordo Ortográfico da Língua Portuguesa, assinado em 1990, em vigor desde janeiro de 2009.

■

As opiniões expressas nesta obra refletem o ponto de vista de seus autores e não são necessariamente equivalentes às da Editora Vida ou de sua equipe editorial.

Os nomes das pessoas citadas na obra foram alterados nos casos em que poderia surgir alguma situação embaraçosa.

Direção: Renan Menezes
Editora-chefe: Sarah Lucchini
Editora responsável: Jacqueline Mattos
Assistente editorial: Larissa da Mata
Preparação: Maurício Zágari
Revisão de provas: Paulo Peres
Coordenadora de design gráfico: Claudia Fatel Lino
Projeto gráfico e diagramação: Marcelo Alves de Souza
Aberturas de capítulos e frases de destaque: Dylan Ramos
Capa: Lira Lira e Dylan Ramos

1. edição: jun. 2025

Dados Internacionais de Catalogação na Publicação (CIP)
(Câmara Brasileira do Livro, SP, Brasil)

Lima, Raquel
Viva : uma jornada de fé, esperança e milagres / Raquel Lima. -- São Paulo : Editora Vida, 2025.

ISBN 978-65-5584-760-4
e-ISBN 978-65-5584-757-4

1. Esperança 2. Fé 3. Milagres 4. Palavra de Deus 5. Vida cristã I. Título.

25-273902 CDD-248.2

Índice para catálogo sistemático:

1. Palavra de Deus : Cristianismo 248.2
Cibele Maria Dias - Bibliotecária - CRB-8/9427

Esta obra foi composta em *Lust Text* e impressa por Gráfica Santa Marta sobre papel *Pólen Bold* 70 g/m² para Editora Vida.

Porque sou eu que conheço os planos que tenho para vocês, diz o Senhor, planos de fazê-los prosperar e não de causar dano, planos de dar a vocês esperança e um futuro.

Jeremias 29:11

Com amor,

Raquel Lima

Jesus

Dedicatória

Viva

RAQUEL LIMA

AO MEU DEUS, QUE me amou de maneira assustadora. Seu amor incansável me constrange.

Ao Espírito Santo, pelo abraço, consolo e sustento diário.

A Jesus, pelo seu sacrifício, sua renúncia, sua morte e sua vida. Sim, sua vida me fez querer viver.

Gratidão

Viva

RAQUEL LIMA

AOS MEUS PAIS, QUE não apenas me apresentaram Jesus, mas viveram o Evangelho na íntegra, e se tornaram a ponte que me levou a querer verdadeiramente conhecê-lo.

Ao meu marido, Paulo Jayme (Paulinho), por ser a resposta da minha oração de adolescente, por me amar e me impulsionar a viver à altura do que Deus deseja.

Aos meus filhos, Benjamim, Maria Júlia e Ana Bella, pela honra de ser sua mãe.

Aos meus irmãos, que tanto amo, e aos amigos de Deus que ele colocou no meu caminho.

Obrigada.

Eu amo vocês.

Sumário

Viva

RAQUEL LIMA

Prefácio

Viva

RAQUEL LIMA

ALGUNS LIVROS NOS ENSINAM; outros, nos abraçam. *Viva* faz as duas coisas. Com coragem e vulnerabilidade, Raquel nos conduz por uma jornada que começa na dor, mas não termina nela. Pelo contrário, este livro é sobre recomeços e sobre a coragem de viver, crer e sonhar outra vez, mesmo quando tudo parece nos ter sido arrancado.

Conheci Raquel em um desses encontros que não se explicam, apenas são vividos: o Mulheres Experience 2024. Em meio a tantas vozes e histórias, em Raquel transbordavam a leveza no olhar, a firmeza na fé e a alegria que acalmava corações. Dali em diante, nossa amizade foi se entrelaçando por propósitos maiores do que nós mesmas.

Desde então, temos dividido orações, lágrimas e risos. No entanto, o que mais me toca é ver como Raquel vive o que prega. Ela é o tipo de mulher que não apenas sobreviveu a diagnósticos como depressão e transtorno de pânico, mas se reinventou em Deus. E, agora, compartilha com generosidade os frutos desse reencontro com a própria identidade.

Em cada capítulo deste livro, você perceberá que não está diante de uma teoria, mas de uma história viva. Raquel abre o coração e entrega seu testemunho de forma tão honesta que, inevitavelmente, nós nos vemos ali. Seja na dor da perda, na sensação de abandono, ou naquelas perguntas que só fazemos em silêncio: "Será que ainda tem algo pra mim?"; "Será que Deus me vê?".

É dessa maneira que *Viva* nos confronta e nos convida. A história das filhas de Zelofeade, que marca o primeiro capítulo, é o fio condutor de uma mensagem atemporal: quando nos posicionamos como filhas, e não como vítimas, abrimos espaço para que o Céu mude leis e reescreva destinos. Essa é a essência desta obra, e talvez também seja o chamado que Deus está fazendo a você neste exato momento.

Você não precisa de fórmulas prontas; precisa de fé, de posicionamento e de coragem para se levantar. Isso é exatamente o que encontrará aqui: um sopro do Espírito, um empurrão amoroso e um lembrete de que as promessas de Deus não se perdem no caminho. Elas continuam de pé, esperando apenas que você também se levante e plante as sementes certas para viver uma colheita abundante.

Ao virar cada página, permita-se ser tocada não apenas pela escrita, mas pela unção presente em cada linha. Eu sei o que este livro gerou em mim. Agora, oro para que ele gere em você algo ainda maior: vida. Viver, minha amiga, é um ato de obediência. E obedecer, muitas vezes, é o nosso maior milagre.

Com amor e carinho,

Camila Vieira

Introdução

VIVA!

Não é apenas um convite, é uma ordem e um chamado do Senhor. Sim, o mesmo Deus que anseia de todas as formas vê-la curada, liberta, restaurada, transformada e reanimada também deseja lhe proporcionar vida em abundância. Mais do que uma simples palavra, esse é um grito de esperança, uma convocação à plenitude e um lembrete de que, apesar das lutas e guerras diárias, ainda há beleza, propósito e graça ao longo do caminho.

Eu sei, a caminhada com Jesus é cheia de desafios e, muitas vezes, desanimamos a ponto de pensar em desistir. Mas, creio que, se este livro chegou às suas mãos, é para lembrar você de que, ao lado do Pai, vitórias extraordinárias a esperam.

Desde a minha infância como filha de pastores até meu serviço atual no ministério, tenho experimentado a fidelidade do Senhor e conhecido de perto aquele que antes era apenas o “Deus dos meus pais”. Agora, posso afirmar com convicção: mais do que apenas o meu Deus, ele é o meu Pai, em quem encontro coragem, força e direção. Porém, a graça não está disponível só para mim; o Senhor também quer impactar sua vida e mudar o rumo da sua trajetória.

Ao longo da minha caminhada com Cristo, testemunhei milagres e transformações que só o agir sobrenatural de Deus é capaz de realizar. Minha amiga, o Senhor tem poder para restaurar tudo o que parece perdido e sem solução ao seu redor e dentro de você. Por isso, meu coração transborda de alegria ao escrever estas palavras. Sei que uma jornada de fé, esperança e milagres está diante de você.

Nestas páginas, compartilharei da Palavra que mudou a minha vida e da transformação que Cristo fez em mim. Através destes ensinamentos, oro para que o Espírito Santo destrave a sua mente, cure o seu coração e inaugure um novo tempo em sua história.

Este livro não é uma proposta de "vida perfeitinha", mas, sim, um impulso que levará você a viver com propósito. A missão que Deus nos confiou é o que nos faz levantar todos os dias, mesmo quando o coração está cansado, com a certeza de que ele ainda não finalizou sua obra em nós e por meio de nós.

Aqui, você não encontrará uma "fórmula mágica", mas a Palavra da Verdade, um testemunho sincero e um abraço para sua alma. Minha oração, em fé, é para que, ao virar cada página, você seja ressuscitada pelo ânimo sobrenatural do Espírito Santo, movida em direção ao seu chamado e, mais do que apenas sobreviver, comece a viver e experimentar todas as promessas que o Senhor lhe fez.

Está pronta para se conectar com sua verdadeira essência e com quem Deus criou você para ser? Então abra seu coração, respire fundo e embarque nessa jornada!

Com amor e fé,

Raquel Lima

1 Viva as promessas de Deus

"As promessas de Deus são como estrelas: quanto mais escura a noite, mais brilhantemente elas aparecem". — Charles Spurgeon[1]

---

1. SPURGEON, Charles Haddon. **Morning and Evening: Daily Readings**. Publicado originalmente em 1866 [**Manhã e noite: Leituras diárias**. São Paulo: Publicações Pão Diário, 2009].

E chegaram as filhas de Zelofeade, filho de Héfer, filho de Gileade, filho de Maquir, filho de Manassés, entre as famílias de Manassés, filho de José (e estes são os nomes de suas filhas: Macla, Noa, Hogla, Milca e Tirza); e puseram-se diante de Moisés, e diante de Eleazar, o sacerdote, e diante dos príncipes e de toda a congregação, à porta da tenda da congregação, dizendo: Nosso pai morreu no deserto e não estava entre a congregação dos que se congregaram contra o Senhor na congregação de Corá; mas morreu no seu próprio pecado e não teve filhos. Por que se tiraria o nome de nosso pai do meio da sua família, porquanto não teve filhos? Dá-nos possessão entre os irmãos de nosso pai.

E Moisés levou a sua causa perante o Senhor. E falou o Senhor a Moisés, dizendo: As filhas de Zelofeade falam retamente; certamente lhes darás possessão de herança entre os irmãos de seu pai; e a herança de seu pai farás passar a elas. E falarás aos filhos de Israel, dizendo: Quando alguém morrer e não tiver filho, então, fareis passar a sua herança a sua filha. E, se não tiver filha, então, a sua herança dareis a seus irmãos. Porém, se não tiver irmãos, então, dareis a sua herança aos irmãos de seu pai. Se também seu pai não tiver irmãos, então, a sua herança dareis a seu parente, àquele que lhe for o mais chegado da sua família, para que a possua; isto aos filhos de Israel será por estatuto de direito, como o Senhor ordenou a Moisés.

Números 27.1-11

DEUS SE REVELA A nós de maneira individual, extraordinária e inesquecível. Comigo não foi diferente. Eu me lembro exatamente do dia: era uma tarde de quarta-feira. Consigo até recordar as roupas que eu usava (afinal, eu não tinha muitas opções no meu armário). O telefone de casa tocou e, quando minha mãe atendeu, tive uma sensação ruim e logo pensei: "Coisa boa não deve ser!". Eu ainda não sabia, mas hoje entendo que aquele sentimento foi gerado em meu coração pelo Espírito Santo. Recebemos a notícia de que meu pai havia passado mal. Meu irmão mais velho correu para levá-lo ao hospital, pois ele se recusava a ir sem alguém da família.

Eu ainda era muito nova, a caçula, cheia de sonhos e planos. Na época, estava planejando com meu pai a minha tão sonhada festa de 15 anos e estava muito animada. Naquele mesmo dia, quando ele voltou para casa, lembro-me de perguntar inocentemente:

— Pai, posso te fazer um pedido?

— Claro, filha.

— Não morre não, pai. Por favor!

Ele permaneceu em silêncio e me olhou triste, como se dissesse: "Isso eu não posso prometer". Nossa família havia passado recentemente pela perda de um avô e uma avó, e ainda estávamos nos recuperando. No dia seguinte, meu pai retornou ao hospital, onde foi diagnosticado com aneurisma e passou quatro dias internado na UTI. Dos cinco filhos, eu fui a única que não pôde visitá-lo, por ser menor de idade. Meu pai faleceu na segunda-feira e, junto com ele, tudo pareceu morrer: sonhos, ministério, projetos e nosso futuro.

Ele foi um homem de Deus, pastor dedicado que sempre se preocupava em nos ensinar os caminhos do Senhor. Por causa de seu empenho e paixão pelo Evangelho, aprendi a importância de orar e de estudar a Palavra. Fui batizada no Espírito Santo ainda criança e pude presenciar muitos milagres que marcaram a minha infância. Mesmo assim, costumo dizer que eu apenas conheci Jesus verdadeiramente após perder o meu pai. Minha jornada com Deus começou com aquele telefonema em uma tarde de quarta-feira.

Talvez essa minha afirmação possa causar estranheza, mas a verdade é que, depois que meu pai se foi, muitos pensaram que o destino de nossa família estivesse perdido. A expectativa era de que meus irmãos e eu nos afastássemos de Deus e de que minha mãe não desse conta de nos criar sozinha. Foi então que tive de aprender a caminhar com Cristo com meus próprios pés. Em vez de depender do relacionamento que meu pai tinha com Jesus, eu passei a desenvolver minha própria intimidade com ele, esforçando-me para permanecer firmada em todos os ensinamentos que havia recebido.

Hoje, colhemos os frutos que meu pai semeou em nossa infância. Todos os meus irmãos são pastores, apaixonados por Jesus e dedicados ao serviço no ministério. Para a glória de Deus, eu também permaneci obediente à missão que o Senhor me confiou. No entanto, precisei me posicionar, vencer o luto, o medo e a vontade de desistir que constantemente batia à porta. Deus reserva grandes promessas para cada uma de nós, mas existem atitudes que precisamos adotar se quisermos alcançar e cumprir plenamente os propósitos do Céu.

Por isso me identifico tanto com a história das filhas de Zelofeade, e creio que ela também pode ser uma valiosa fonte de inspiração para você. Deparei com o texto de Números 27 enquanto vivia um dos cenários mais devastadores da minha vida, paralisada pela dor da perda e repleta de incertezas. Mas, o Espírito Santo renovou minhas forças, encheu-me de coragem e me impulsionou em direção ao meu propósito.

Minha amiga, é tempo de assumir responsabilidade sobre sua vida e se levantar com convicção em direção às promessas divinas. Nós servimos a um Deus fiel, que não mente nem muda de ideia e, por isso, podemos nos agarrar à sua Palavra e ter confiança diante dos desafios da nossa jornada.

“”

Deus não está correndo para aprontar o que lhe prometeu. Se Ele disse, já está **pronto!**

Viva

RAQUEL LIMA

A libertação

A Bíblia diz que o Senhor escolheu Moisés para ser o libertador do seu povo e conduzi-lo à terra que ele havia prometido dar a seus filhos. A promessa de Deus era tirá-los das mãos do inimigo e levá-los a esse lugar, mas é importante entender que, quando Deus promete algo, ele não se atrasa e, depois, sai correndo para cumprir o combinado.

Nosso Pai não é como nós, que convidamos alguém para almoçar em casa e, quando a pessoa chega, percebemos que não preparamos nada. Quando minha filha do meio, Maria Júlia, nasceu, encontrei em um culto uma amiga que queria nos visitar para conhecer o novo bebê. Marcamos a data, passaram-se alguns dias e, então, recebi uma ligação: “Raquel, estou chegando!”. “Meu Deus!”, pensei. Eu havia me esquecido completamente daquele compromisso e entrei em desespero.

Pulei da cama como uma bailarina digna do Cirque du Soleil e corri de um lado para o outro. Pedi ao meu esposo que desse banho em uma das crianças enquanto eu arrumava a bagunça, recolhia os brinquedos pelo caminho e decidia o que fazer de almoço. Apesar daquela confusão, quando a visita chegou, a casa estava impecável e as crianças brilhavam como em um comercial de margarina. Porém, se minha amiga tivesse chegado vinte minutos antes, com certeza teria me encontrado descabelada!

Naquela ocasião, mesmo em meio ao sufoco, eu cumpri com o que tinha prometido. No entanto, Deus não se comporta dessa maneira. Ele não se esquece de suas promessas nem precisa correr para prepará-las. Quando diz algo, é para que você esteja ciente dos planos dele para sua vida, que vão conduzi-la a algo novo que já está preparada no mundo espiritual. Deus não está correndo para aprontar o que lhe prometeu. Se ele disse, já está pronto!

O Senhor levantou Moisés para libertar os israelitas do poder do faraó e guiá-los a uma terra que já estava preparada. Conhecemos bem essa história e sabemos que o povo de Israel foi guardado e protegido até o dia da libertação.

Finalmente, o faraó deixou o povo ir. Os israelitas saíram da terra de escravidão, choro, angústia e tristeza e partiram rumo à promessa. Mas, Deus, sendo incrível como é, disse a Moisés que os egípcios estavam se aproximando para capturá-los novamente (cf. Êxodo 14).

Essa maravilhosa passagem nos oferece um aprendizado precioso: Deus não nos expõe a algo para nos fazer sofrer, mas para nos amadurecer. Ele disse aos israelitas: "Não temais; estai quietos e vede o livramento do Senhor, que hoje vos fará; porque aos egípcios, que hoje vistes, nunca mais vereis para sempre" (Êxodo 14.13).

O Senhor prometeu colocar um ponto final na luta dos hebreus, e sua promessa se aplica a nós hoje. As guerras e angústias que enfrentamos têm fim. Você pode ter coragem de encará-las, sabendo que o Pai permanece ao seu lado e deseja aperfeiçoar o seu caráter ao longo do processo. Em breve, você ouvirá um "Nunca mais!" de Deus, que encerrará ciclos e quebrará sentenças em sua história.

Quando o povo de Israel foi livrado das mãos do inimigo, uma presença gloriosa o envolveu. Os israelitas saíram acompanhados desta palavra: "Eu sou o SENHOR, e vos tirarei de debaixo das cargas dos egípcios, vos livrarei da sua servidão e vos resgatarei com braço estendido e com juízos grandes" (Êxodo 6.6). Hoje, assim como aconteceu com os israelitas, Deus nos tira da escravidão do pecado e nos dá uma identidade de filhas. Isso significa que você não foi criada para a vergonha, mas para a honra. Há uma promessa sobre a sua vida!

De órfã a filha de Deus

Apesar das bênçãos que Deus havia reservado para seu povo, enquanto Israel peregrinava pelo deserto, pecou inúmeras vezes. Os israelitas murmuraram, desobedeceram às ordens de Moisés, foram rebeldes e ingratos (pense em um povo "ruim da moléstia"!). Eles também adoraram outros deuses. No entanto, o pior pecado do povo foi a incredulidade, que o fez caminhar durante quarenta anos pelo deserto sem entrar na terra prometida. Por fim, aquela geração incrédula morreu, e a promessa, então, passou a seus filhos.

Diante disso tudo, você talvez esteja se perguntando: "Mas onde entram as filhas de Zelofeade nessa história?". Elas surgem na narrativa quando o povo finalmente está se preparando para tomar posse de Canaã, a terra que manava leite e mel. Nesse contexto, Deus estabelece leis para a organização de Israel em sua futura habitação e define a distribuição da terra.

A cultura daquela época era patriarcal. Isso significa que, sempre que uma família recebia uma herança, ela era destinada ao patriarca, ao homem da casa. Quando ele morria, a herança passava ao filho primogênito. Caso não houvesse um descendente do sexo masculino, a família ficava desamparada, sem direito a nada. Mães e filhas tinham de viver de favor.

As pessoas estavam acostumadas a essa realidade dura, mas algo aconteceu: as filhas de Zelofeade decidiram se posicionar. Como lemos no capítulo 27 de Números, não aceitaram ficar de fora da promessa e reivindicaram sua herança diante de Moisés. Elas não se enxergavam apenas como filhas de um homem, mas como filhas de um Pai de amor. Afinal, ele é Pai dos órfãos e defensor das viúvas (cf. Salmos 68.5) e não existe lei terrena que possa invalidar aquilo que o Senhor declarou sobre nossa vida.

Você percebe como a nossa atitude influencia o nosso destino diante de Deus? O povo de Israel carregava uma promessa, mas, por causa de sua incredulidade, vitimismo e autocomiseração, aquela geração morreu andando em círculos pelo deserto. As filhas de Zelofeade, em contrapartida, posicionaram-se com

Não adianta dizer "***eu confio***", mas agir como quem **desconfia**; não adianta gritar "***eu recebo***", mas viver como uma **incrédula**.

Viva

RAQUEL LIMA

ousadia e coragem diante do Senhor. Com qual desses cenários você se identifica?

Lembro-me da época em que eu tive minha própria cena dramática diante de Deus, como se eu estivesse participando de uma novela mexicana. Era meu aniversário e, com ele, veio a clássica reflexão: "Deus, eu tinha tantos planos para o ano que passou! Viagens, faculdade, projetos...". Comecei a chorar no chão, lamentando tudo o que ainda não havia alcançado, como uma verdadeira atriz de novela das oito.

De repente, Deus respondeu em meu coração: "Hipócrita!". Minhas lágrimas até pararam de escorrer. Cheguei a pensar: "Isso deve ser coisa do Inimigo. Está repreendido!". Mas, o Pai continuou: "Você canta que depende de mim, prega que depende de mim, aconselha outros a dependerem de mim, mas, é tudo da boca para fora! Na verdade, você depende dos seus recursos, dos seus estudos, do seu trabalho e da sua força".

Foi então que entendi: Deus se cansa de palavras vazias. Quem diz ter fé precisa se comportar de acordo com o que acredita. Não adianta dizer "eu confio", mas agir como quem desconfia; não adianta gritar "eu recebo", mas viver como uma incrédula.

As filhas de Zelofeade creram no direito de receber sua herança, agiram como deviam e foram até Moisés. Elas não reclamaram nas redes sociais, nem criaram uma *hashtag* #ForaMoisés; não foram para a porta da igreja com faixas exigindo justiça; não ficaram comentando nos grupos da congregação: "Se eu fosse esposa de fulano"; "Se eu tivesse o contato de ciclano"; "Se alguém me apoiasse...". Afinal, quem assume sua identidade de filha não perde tempo se comportando como órfã. Lemos que elas foram até Moisés e disseram: "Nosso pai morreu no deserto e não estava entre a congregação dos que se congregaram contra o SENHOR na congregação de Corá; mas morreu no seu próprio pecado e não teve filhos" (Números 27.3). Aquelas mulheres sabiam que, em sua família, não havia uma semeadura de rebelião, fofoca, inveja ou murmuração. Ao longo de sua jornada pelo deserto, seu pai não havia demonstrado ingratidão, infidelidade ou insubmissão.

Assim também aconteceu em minha vida. Meu pai havia falecido, e eu e minha família nos vimos quase sem esperanças. Como prosseguir? Como permanecer firmes? Porém, entendi que assumir o papel de vítima ou de injustiçada não faria de mim uma vencedora, muito menos me levaria a viver a benção de Deus. Se eu me posicionasse da maneira que Deus deseja, eu veria suas mãos agindo em meu favor. E foi exatamente o que fiz. As circunstâncias começaram a mudar quando me dei conta de que, apesar da morte do meu pai, as promessas de Deus para mim ainda estavam vivas.

Minha amiga, por mais que você esteja vivendo um tempo de dores profundas, de decepção, perdas e frustração, isso não anula o que Deus lhe declarou. Quando as filhas de Zelofeade se dirigem a Moisés, é como se dissessem: "Nosso pai morreu, mas nós daremos continuidade ao que Deus nos prometeu lá atrás".

Sim, elas eram órfãs de acordo com a perspectiva terrena, mas sabiam que tinham um Pai nos Céus, capaz de suprir todas as suas necessidades.

Entenda: a promessa não se perde no caminho. Eu sei que, ao longo da jornada, nós teremos muitos imprevistos, e haverá momentos em que nossa realidade não se parecerá com o que o Senhor prometeu no passado. Mas, muitas vezes, é assim que funciona: o que Deus disse a nosso respeito não parece corresponder ao que estamos vivendo no cenário atual. Apesar disso, escolha se agarrar à palavra que ele pronunciou sobre a sua vida. Deus reserva para você uma herança e está esperando que você aja como filha para que possa recebê-la.

Diga-me com quem você anda e eu direi se vou

É muito importante perceber que as filhas de Zelofeade souberam exatamente com quem conversar para que seu problema fosse resolvido. A exemplo delas, precisamos prestar atenção às pessoas com as quais fazemos aliança ou nos sentamos à mesa, prestar atenção ao perfil de quem chamamos de líderes, autoridades e amigos. Sua companhia ao longo do caminho influencia diretamente sua jornada e o destino que você alcança.

Certo dia, uma moça me chamou pelas redes sociais e relatou que estava enfrentando uma luta. Uma amiga havia espalhado todos os seus segredos. Eu perguntei como essa amiga sabia de tanta coisa. A moça respondeu: "Eu contei para ela",

Muitas vezes, queremos culpar o outro por situações que nós mesmas criamos. E ainda perguntamos: "Por que Deus não me avisou que eu não podia confiar nessa pessoa?".

Esperamos que ele coloque um *outdoor* na avenida? O Senhor dá sinais e revela o caráter dos outros, mas nós fingimos que não vemos e queremos fazer o papel do Espírito Santo na vida alheia, dizendo: "Senhor, essa pessoa é terrível, mas vou ajudá-la a melhorar". Mesmo que nos esforcemos, é possível que ela continue do mesmo jeito, no mesmo lugar, com o mesmo comportamento. Por isso, não tente tomar o lugar de Deus na vida de ninguém. Você não pode mudar quem decidiu permanecer igual.

O livro de Números conta que aquelas mulheres foram até Moisés, e ele levou a causa delas ao Senhor. Esse é o tipo de aliança que devemos estabelecer em nossa vida. Que Deus ponha no seu caminho pessoas que não zombem da sua dor e não desprezem a sua guerra, mas que levem a sua causa ao Senhor.

Com a ajuda de Moisés, as filhas de Zelofeade estavam dizendo a Deus: "Não importa o que aconteceu no trajeto. Não importa se, no caminho, quem prometeu fidelidade me traiu. Não importa se quem disse 'estamos juntos' me abandonou. Não importa se a dor me sobreveio ou se o que eu esperava não aconteceu. Eu quero o que Deus prometeu lá atrás!".

"

Não tente tomar o lugar de **Deus** na vida de **ninguém.**

Você não pode mudar quem decidiu permanecer igual.

Viva

RAQUEL LIMA

É justo que você recebu

O maior desejo de Deus é que nós nos comportemos como filhas em vez de escravas. A partir do momento em que as filhas de Zelofeade reconheceram sua identidade diante do Senhor, tomaram posse do direito de receber o que Deus havia prometido para seu povo.

Como filhas, nós também temos direito à herança e ao melhor que o Pai pode nos oferecer. Não por futilidade ou porque merecemos algo, mas porque o Deus que nos criou é excelente em tudo o que faz e não dará aos seus filhos nada menos do que o melhor.

Ao ouvir o clamor das filhas de Zelofeade, o Senhor concordou com elas e, graças à coragem dessas mulheres, uma lei foi mudada. O legislador celestial determinou que, quando uma família não tivesse filhos homens, a herança passaria para as filhas. Se não houvesse filhas, ficaria com a família do pai ou com outros parentes próximos.

Essa foi uma mudança extraordinária. O Céu interferiu na Terra por meio de algumas mulheres. O mesmo princípio se aplica a você e significa que, por sua causa, uma geração inteira pode ser abençoada. Seus filhos talvez ainda não saibam; seus parentes podem não perceber, mas, por sua vida e sua oração, você deve crer que a bênção de Deus se estenderá a eles também. Por meio da sua vida, o Senhor é capaz de mudar circunstâncias, quebrar sentenças e transformar destinos.

A Palavra de Deus nos revela que essas mulheres eram descendentes de Manassés, o filho mais velho de José. Quando Jacó já estava em idade avançada e à beira da morte, José levou seus filhos, Manassés e Efraim, para que recebessem a bênção do patriarca. Na cultura da época, o primogênito devia ser abençoado com a mão direita, mas, no momento da bênção, Jacó trocou as mãos. José, desesperado, tentou corrigir o pai, mas ele insistiu em abençoar Efraim, o mais novo, com uma porção maior da herança.

Você não verá em lugar nenhum da Bíblia Manassés reivindicando a bênção que lhe foi tirada. Os anos passaram e as gerações seguiram adiante, até que essas mulheres, descendentes de Manassés, levantaram-se para reivindicar aquilo que, a princípio, não lhes pertencia. Elas estavam dizendo ao mundo espiritual: "Nós não temos culpa se os que vieram antes de nós não fizeram nada a esse respeito! Nós não temos culpa se quiseram viver de forma mediana!".

Aquelas irmãs poderiam ter se limitado às condições humanas e aceitado o que estava determinado, mas escolheram algo maior. Como filhas de Zelofeade, não tinham direitos. Entretanto, como filhas do Pai, carregavam uma promessa. Receba essa verdade sobre sua vida e acredite que, em Deus, você também pode romper limites, quebrar sentenças e viver as promessas que o Senhor lhe deu.

Levante-se e viva!

Algumas pessoas vivem sob leis invisíveis impostas por suas famílias, como, por exemplo, a "lei" segundo a qual ninguém será feliz, pois os avós, os tios e primos também não foram. Outros vivem sob a "lei" segundo a qual ninguém prosperará (e sabemos que prosperidade não consiste apenas em dinheiro, mas em caminhar todos os dias ao lado de Jesus, aquele que cuida de todas as necessidades do nosso coração).

Há também aqueles cuja "lei" determina que nunca vão crescer, romper ou fluir; que dão dez passos para frente, mas parecem recuar vinte. Leis e ciclos que se repetem, ano após ano, só se quebram se houver um posicionamento. Muito mais do que comportamento, posicionar-se é uma decisão; é sobre decidir viver em Deus o que você jamais imaginou; é deixar que ele verdadeiramente governe sua vida e sua história.

Quando falo de leis, sentenças e ciclos, não me refiro a pessoas afastadas de Deus. Pelo contrário, são indivíduos fiéis, íntegros diante do Senhor, que simplesmente não conseguem avançar porque caminham sob uma sentença invisível.

Por muito tempo, vivi aprisionada por dor, depressão, pânico, pelo medo de dormir e, por muitos anos, eu desejava não ter acordado pela manhã. Contudo, o Espírito Santo me fez entender que, se eu estava viva, era porque Deus ainda tinha um propósito para mim na Terra. Quando isso acontece, não há dor nem sentença que possa nos impedir de viver os sonhos do Senhor.

A Bíblia diz: "Mas o que é espiritual discerne bem tudo, e ele de ninguém é discernido" (1Coríntios 2.15). Quando estamos sensíveis ao Espírito Santo e nos juntamos a intercessores, homens e mulheres que são amigos de Deus, ganhamos força para romper com pactos, palavras de maldição e sentenças que pesam contra nós e contra nosso futuro. Devemos nos posicionar devidamente antes de entrar nessa batalha, pois é certo que toda a lei do Maligno e toda cadeia espiritual podem ser quebradas se nos movermos em fé.

Em Josué 17, a Bíblia diz que havia chegado o tempo de repartir as terras. E ali estavam aquelas mulheres, esperando pela herança que Deus lhes havia prometido. Quando falo de herança, não me refiro apenas a bens materiais, mas a bênçãos espirituais, aquilo que só a mão de Deus pode conceder. Da mesma forma, há algo preparado para cada uma de nós.

Existem amarras invisíveis que procuram, de todas as formas, nos aprisionar na estação que estamos vivendo ou no tempo que passou. Mas eu clamo para que, enquanto você lê estas palavras, a presença de Deus invada o seu ambiente e, acima de tudo, o seu coração, rompendo com tudo que ainda a prende. Eu creio que este livro alcançará lugares que eu jamais conseguiria acessar, e as mãos de Deus podem tocar o seu interior agora, não importa onde você esteja.

Muito mais do que comportamento, posicionar-se é uma ***decisão;*** é sobre ***decidir*** viver em ***Deus*** o que você **jamais imaginou;** é deixar que ele verdadeiramente governe sua vida e sua história.

Viva

RAQUEL LIMA

Você pode experimentar a restauração que eu vivi e muito mais do que imagina, pois também é filha e tem direito ao cumprimento da promessa sobre sua vida. Talvez você tenha vivido como escrava do vício, da dor, da prostituição, da mentira, do passado. Mas o Senhor é poderoso para libertá-la; portanto, pare de adiar essa transformação. Deus nos chama a sair da escravidão e a nos assentar no lugar de honra que foi preparado para nós como filhas do Rei.

É justamente quando estamos sem saída que nos tornamos suscetíveis ao agir do Espírito Santo. Mesmo que estejamos abatidas, sem esperança e ansiosas, o Pai diz: "Vamos! Eu quero tirá-la da condição de escrava e colocá-la no lugar de filha, no lugar exato que a criei para ocupar". Minha amiga, chegou o tempo de viver as promessas de Deus. Portanto, levante-se daí, coloque um sorriso nesse rosto e se posicione devidamente, pois ninguém mais poderá fazer isso por você.

Se você se sente cansada, carregando fardos pesados e não aguenta mais viver dessa maneira, creia verdadeiramente que o tempo da mudança está à sua frente. Jesus Cristo não é uma religião, ele é uma pessoa. Se você abrir o seu coração para o agir do Espírito Santo, pode ter certeza de que sua vida nunca mais será a mesma.

Ore comigo

Pai, em nome de Jesus, eu oro com a tua filha neste momento, pois creio no poder do teu nome e da tua Palavra. O Senhor sabe que não acredito em coincidências; eu acredito em propósitos. E foi por teu propósito que vivi e passei por tudo o que passei. Eu reconheço que só sobrevivi e cheguei até aqui porque o Senhor me sustentou e desejava fazer da minha vida um testemunho vivo, para que eu pudesse levantar outras mulheres.

Minha oração, em fé, é para que a mulher que está lendo estas palavras também reconheça que é filha de Deus, alguém que nasceu para vencer, que não é apenas fruto do acaso, mas parte de um propósito divino. Em nome de Jesus, que ela se levante do lugar da escravidão, do medo, do passado, das feridas, do desprezo e do abandono, e se posicione como filha amada de um Pai de amor.

Eu creio, Pai, que a herança que o Senhor tem para ela está disponível agora, gratuitamente, para que ela continue firme, crendo em ti, o autor e consumador da nossa fé. Em nome de Jesus, amém e graças a Deus.

Para refletir

1. No mundo espiritual, as promessas de Deus já estão prontas. Como essa verdade pode impactar sua maneira de agir enquanto espera que elas se cumpram?

   ....

   ....

   ....

2. As filhas de Zelofeade se posicionaram para receber sua herança. Há algo que você precise reivindicar diante de Deus com fé e determinação?

   ....

   ....

   ....

3. Como você pode fortalecer sua fé e seu posicionamento diante das promessas divinas, sem cair no vitimismo ou na dúvida?

   ....

   ....

   ....

2 Viva o novo de Deus

"Se você não deixar o seu passado, o seu passado não deixará você". — T. D. Jakes[1]

1. JAKES, T. D. Frase usada em mensagens e sermões. Disponível em: <https://www.tdjakes.org>. Acesso em: 19 mai. 2025.

Não vos lembreis das coisas passadas, nem considereis as antigas. Eis que farei uma coisa nova, e, agora, sairá à luz; porventura, não a sabereis? Eis que porei um caminho no deserto e rios, no ermo.

Isaías 43.18-19

COM O PASSAR DOS anos, percebi que não adiantava orar, sonhar e receber palavras proféticas, se eu não abandonasse as angústias do passado. Eu sentia que estava retrocedendo, e a minha maior dor era não conseguir romper com aquela situação, simplesmente por não ter perspectivas de futuro. Vi Deus operar diversos milagres enquanto eu era criança, e sempre cri com todas as minhas forças em seu poder, mas não acreditava que ele pudesse realizar milagres em minha vida.

Foi então que encontrei nas Escrituras esse texto de Isaías que traz uma declaração importante para o povo de Israel. Conhecido como o profeta messiânico por anunciar a vinda do Messias, Isaías também profetizou a respeito de diversos momentos históricos, incluindo a restauração dos israelitas após o exílio babilônico.

Esse cativeiro não ocorreu por obra do mal, por acaso ou por simples perseguição inimiga. Deus permitiu que seu povo fosse levado ao exílio com um propósito muito claro: trazê-lo de volta ao centro da sua vontade. Muitas vezes, ao vermos alguém passando por lutas e dificuldades, queremos ajudar de imediato. Em algumas igrejas, é comum ouvirmos frases como: "Coitado, vamos fazer uma campanha por ele". "Vamos subir o monte para interceder". "Vamos orar para que essa prova termine".

No entanto, nem toda luta é um ataque do Inimigo. Algumas provas são permitidas por Deus para realinhar seus filhos com seu propósito. Se há algo que Deus sabe fazer é trazer seu povo de volta ao caminho certo. Ele nos coloca no eixo, reposiciona nosso coração e nos conduz novamente ao centro da sua boa, perfeita e agradável vontade. Não tenha dúvida de que Deus sabe onde encontrar você e sabe a maneira exata de conduzi-la de volta.

Foi o que aconteceu com o povo de Judá. A Bíblia nos ensina que esse povo entrou no exílio com uma promessa já estabelecida: a tribulação tinha um tempo determinado. O cativeiro, usado por Deus para reposicionar seu povo, teria início, meio e fim, e eles sabiam que a aflição não duraria para sempre. No entanto, lidar com o tempo de espera é um desafio que muitas vezes se torna desesperador.

Ao longo da minha caminhada com Jesus, o Espírito Santo me ensinou algo precioso: no tempo de espera, a questão não é o quanto demora, mas em quem confiamos enquanto esperamos. A verdadeira pergunta é: Em quem você está depositando sua esperança? No dinheiro? Nas promessas de alguém que disse que ajudaria? Em conexões humanas que parecem abrir portas? Ou na Palavra liberada por Deus a seu respeito?

Em meio a essa espera angustiante, o profeta Isaías traz uma direção clara para o povo: "Não vos lembreis das coisas passadas, nem considereis as antigas". O texto fala sobre abandonar o passado e abrir mão daquilo que já se foi. Isso não significa que devemos fingir que nada aconteceu ou que não estamos sofrendo. O desejo de Deus não é que você leve uma vida de mentiras, de teatro ou de máscaras, mas que possa compreender que as coisas do passado não podem ser mudadas. Apesar disso, se acreditamos em quem o Senhor é e no que ele é capaz de fazer, o nosso presente pode ser transformado, e um futuro extraordinário nos aguarda.

A Palavra de Deus é viva, eficaz e penetra profundamente em nossa alma (cf. Hebreus 4.12). Foi o que aconteceu quando li essa passagem de Isaías. Senti como se estivesse ressuscitando por dentro e, em meu coração, ouvi o Pai dizer: "Raquel, arrebente as cadeias que ainda prendem sua alma ao que ficou para trás. Solte essas amarras e decida hoje, no seu presente, ser, fazer e agir de forma diferente, a fim de viver o futuro que eu tenho para você".

Assim como o povo de Israel, é possível que você esteja vivendo um período de tribulação que parece não ter fim. Quer um conselho de amiga? Escolha obedecer à vontade de Deus. Esse é o caminho para se tornar quem ele a criou para ser. Talvez o

“”

O passado só tem *valor* se serve de **impulso** para o *futuro*.

Viva

RAQUEL LIMA

Pai esteja usando os obstáculos ao seu redor para realinhar a sua jornada e posicioná-la nos propósitos dele.

O Senhor já começou a obra em sua vida (cf. Filipenses 1.6), mas é possível que você ainda não consiga perceber, pois continua presa ao passado, sem perspectiva de futuro. É por isso que muitas de nós não avançamos. Continuamos andando em círculos no deserto, assim como os israelitas que saíram do Egito, pois não nos sentimos dignas de viver o cumprimento da tão sonhada promessa.

Se o desejo do seu coração é experimentar o novo de Deus, você precisa entender que terá de enfrentar os desafios, confiar no tempo dele e seguir em frente, crendo em quem Deus é e no poder que ele tem de cumprir suas promessas. É na decisão de hoje que você determina a colheita de amanhã; é no seu presente que você escolhe como será o próximo dia.

Se não acrescenta, esqueça!

Preste atenção no texto de Isaías 43, pois ele é rico em ensinamentos. A primeira lição que tiramos desses versículos é que, quando chega o tempo da novidade de Deus na vida de alguém, o passado só tem valor se serve de impulso para o futuro. Se a lembrança das experiências passadas encoraja você, fortalece sua fé e renova sua esperança, então ela tem propósito. Se, contudo, as memórias a paralisam e a impedem de avançar, então é hora de deixá-las para trás.

Não tenha medo de deixar no passado lugares ou pessoas que não a impulsionam para o futuro, pois, se não forem abandonados, podem afetar todas as áreas da sua vida. Por isso, precisamos tomar medidas radicais e romper com tudo aquilo que nos afasta dos propósitos de Deus. Temos o costume de ser tolerantes com o que Deus não tolera, e isso nos prende na zona de conforto e paralisa nossa caminhada com Cristo. Se você deseja experimentar um romper sobrenatural em sua vida, precisa dar passos verdadeiramente transformadores.

Há amigos, ambientes e experiências do passado que marcaram nossa vida para sempre. Levaremos alguns deles conosco para o futuro, pois essas lembranças podem servir como combustível para a nossa caminhada com Jesus. Afinal, o Espírito que operou no passado ainda opera no presente; o Deus que curou, restaurou e libertou antes, pode fazer tudo novo outra vez.

Mas, também há lugares, situações e pessoas que devemos deixar exatamente onde estão: no passado. Enquanto continuarmos arrastando e segurando dores, a vida permanecerá estagnada, os sonhos continuarão engavetados, os projetos serão abandonados e as promessas, esquecidas. Portanto, se recordações do passado não inspiram fé, mas geram paralisia, é hora de abandoná-las.

Quando o profeta declarou: "Não vos lembreis das coisas passadas", ele não estava instruindo o povo a esquecer os feitos do Senhor, os milagres ou o sobrenatural. A intenção era que eles entendessem que Deus não está preso ao passado: ele já está no futuro. O mesmo Deus que realizou milagres anteriormente é poderoso para manifestar o sobrenatural no presente.

E é exatamente isso que você precisa compreender. Aquele que operou maravilhas há cinco, dez, vinte e até cinquenta anos, continua agindo. O mesmo Deus que estava presente no seu nascimento, durante toda a sua infância e na sua adolescência está com você hoje, agora.

Por outro lado, algumas pessoas saudosistas vivem presas ao que o Senhor fez no passado e não conseguem enxergar o que ele está fazendo no presente. Elas esquecem que Deus ainda salva, cura e liberta. Mas o desejo do Pai é se relacionar conosco de tal maneira que nunca mais duvidemos do que ele disse a nosso respeito e sejamos capazes de viver fundamentadas, ainda hoje, nas palavras que o Senhor pronunciou sobre nossa vida.

Apegue-se a essa verdade e liberte-se de tudo o que ainda prende você ao que já passou. A ordem é clara: se não acrescenta, se não edifica, se não fortalece, esqueça!

Não se torne a dor que você viveu

A segunda lição que você precisa guardar é esta: no tempo da novidade de Deus, não se torne aquilo que falaram ou fizeram contra você. Muitos passam a vida tentando provar que as coisas ditas a seu respeito não são verdade, mas acabam, sem perceber, assumindo exatamente a identidade criada por essas mentiras.

O profeta nos adverte a não considerar as coisas antigas. Considerar é o mesmo que gerar, carregar ou nutrir. Ou seja, Deus está dizendo: "Abandone, despreze, lance fora tudo o que adoece a sua alma, o que limita você, o que a impede de fluir, de florescer, de ser quem eu anseio que você seja".

Não se torne a dor que você viveu; não se transforme na ofensa que sofreu; não permita que a perda, a decepção ou a injustiça defina sua identidade! Já vivi isso e entendi que, quando a dor não é curada, ela nos consome. Se o mal que fizeram contra você não for tratado, ele pode se transformar em sua identidade. Por isso, é tempo de abrir mão de tudo o que passou, parar de nutrir em seu coração o que não a edifica e caminhar em direção ao futuro que Deus tem preparado.

Minha amiga, decida, de uma vez por todas, eliminar aquilo que paralisa você e aquilo que contamina a sua identidade. Não deixe para amanhã ou para a semana que vem a decisão que você precisa tomar agora, neste momento. O Senhor a convida a caminhar com coragem e a dar um passo em direção ao propósito dele para a sua vida, rumo a um futuro de excelência.

Acredite que há um tempo novo reservado para você e esse tempo não é de dor, angústia ou medo. Sim, enquanto estivermos aqui na Terra, enfrentaremos lutas, problemas e

“”

Se o mal que
fizeram **contra** você
não for **tratado,**
ele pode se
transformar em
sua **identidade.**

situações difíceis. Mas, creia que, pela autoridade que há no nome de Jesus, você não precisa permanecer aprisionada a essas dores.

Levante a cabeça, assuma a identidade de filha e declare: "Chegou o tempo da novidade de Deus para minha vida! O passado não tem mais poder sobre mim".

Fique atenta aos sinais de Deus

Terceira lição: no tempo da novidade de Deus, fique atenta aos sinais dos Céus. Note o que o Senhor disse por meio do profeta: "Eis que farei uma coisa nova" (v. 19). Você se lembra do que vimos no capítulo anterior? Quando o Senhor diz isso, ele não está desesperado, lá no Céu, perguntando: "E agora? O que farei? O marido dela diz que não gosta de crente! O filho dela diz que não pisa na igreja! São dez vagas para mil inscritos, e ela está entre esses mil! O médico fechou o diagnostico, e é impossível o quadro ser revertido!". Se ele prometeu, já está pronto! Se Deus falou, considere feito!

O Pai diz: "Farei uma coisa nova, você não consegue perceber?". Deus não vê seus sonhos, sua família, seus projetos, seu ministério e sua saúde física e emocional desgastados e destruídos. Ele sempre nos dá sinais de que as situações estão prestes a mudar, mas temos a tendência de nos prender tão intensamente às nossas dores de estimação que não conseguimos perceber o agir do Senhor em nossa vida. Não permita que as sombras das impossibilidades impeçam você de enxergar essa situação pela perspectiva do Alto. Deus não vê pela sua ótica; no Céu, já está resolvido!

Depois que o meu pai faleceu, a vida seguiu seu curso, mas eu sentia que estava apenas sobrevivendo. Ninguém fazia ideia do que se passava em minha mente, nem sabia o tamanho da angústia que eu carregava. Então, certo dia, depois de entregar uma prova em branco na escola, ouvi a professora dizer: "Essa daí não vai chegar a lugar nenhum".

Eu já havia recebido tantas promessas e palavras proféticas de Deus. Perdi as contas de quantas vezes acordei com meus pais orando e profetizando sobre mim: eu seria levantada como profeta; seria usada para a glória de Deus; o Senhor faria de mim uma pregadora do Evangelho; a alegria que ele havia derramado sobre mim seria usada para alcançar outras vidas. Mesmo assim, uma única palavra contrária pesou tanto sobre meus ombros que afundei ainda mais.

Eu questionava: "Por quê? Por que comigo, Senhor? Por que com a minha família? Por que com os meus irmãos?". O que eu não sabia era que a mão de Deus já havia começado a agir. Depois de um tempo, passei a orar pedindo a Deus graça para suportar o luto e para enxergar a situação pela perspectiva dele. Sim, Deus estava trabalhando em meu favor; eu é que não percebia. Da mesma forma, o agir de Deus está sobre sua vida neste momento.

Talvez você pense: "Eu queria ao menos ver!". Contudo, a verdade é que não cabe a nós saber exatamente onde, como e a que horas o Senhor atuará. Entre a promessa e o seu cumprimento, há um caminho e um tempo determinados pelo próprio Deus. O problema é que nós nos distraímos ao longo desse percurso — com lutas, pessoas, dores, acusações e batalhas — e nos esquecemos de que ele está fazendo a sua obra.

Por isso, o nosso papel é crer e confiar. Mas, creia de verdade! Não precisamos questionar Deus o tempo todo, tomadas de ansiedade e da vontade de ter o controle em nossas mãos. Crer significa descansar em Deus, reconhecendo que ele sempre fará o melhor.

O cenário muda, o milagre não!

Quarta lição: no tempo da novidade de Deus, ele realiza milagres antigos em novos cenários. Veja o que o Senhor declara por meio do profeta: "Eis que porei um caminho no deserto e rios, no ermo" (Isaías 43.19). Deus estava levando o povo a recordar o que aconteceu no Êxodo, quando abriu um caminho no meio do mar. Vemos isso nos versículos anteriores: "Assim diz o SENHOR, o que preparou no mar um caminho, e nas águas impetuosas uma vereda; o que faz sair o carro e o cavalo, o exército e a força; eles juntamente se deitam, e jamais se levantarão; estão extintos, apagados como um pavio" (Isaías 43.16-17).

O mesmo Deus que abriu um caminho no mar e fendeu as águas impetuosas, que derrubou carros e cavalos e eliminou todo o exército do Egito, a maior potência militar da época, está dizendo: "O cenário pode mudar, mas o milagre não. Eu sou o mesmo Deus, que realiza milagres antigos e extraordinários em situações novas e improváveis".

O Senhor é especialista em manifestar milagres do passado em cenários do presente. Isso não significa que ele não seja criativo, mas que age de acordo com a necessidade de cada um. Se é o mar que está fechado, ele faz um caminho. Se é o rio que está adiante, ele faz você atravessá-lo. Se o gigante afronta e tenta abalar a sua fé, ele lhe dá forças para derrubá-lo e, mais do que isso, derrotá-lo completamente. Deus pode repetir seus milagres quantas vezes for preciso.

Afinal, para Deus, uma dor de cabeça e um tumor no cérebro representam o mesmo milagre; assim como um desentendimento no casamento e um divórcio já assinado; ou como um paciente prestes a receber alta em uma enfermaria e outro intubado numa UTI. Todas essas situações precisam de algo semelhante: um milagre.

Deus quer que você entenda que ele ainda pode realizar hoje o sobrenatural que aconteceu ontem. Ele é capaz de manifestar sua glória no presente como a manifestou no passado. A Bíblia diz que o Senhor pode todas as coisas e que nenhum dos seus planos será frustrado (cf. Jó 42.2), e isso serve para a circunstância que você está vivendo.

No entanto, após os versículos 16 e 17, Deus prossegue: "Não vos lembreis das coisas passadas" (Isaías 43.18). O que ele

“”

DEUS
PODE REPETIR
SEUS *MILAGRES*
QUANTAS VEZES
FOR *PRECISO*.

Viva

RAQUEL LIMA

quer ensinar ao povo? Os milagres realizados devem ser lembrados, mas as dores do passado precisam ser abandonadas. Não podemos continuar carregando o que Deus ordena que deixemos para trás.

Muitos arrastam dores e traumas, revivendo situações que não acrescentam nada à sua vida. Esse fardo nos impede de nos desvencilharmos das angústias que nos aprisionam. Sua vida só terá um final diferente quando você decidir se livrar daquilo que não pode carregar. Minha amiga, não podemos mudar o que passou, mas somos capazes de decidir, em Deus, ter o futuro que ele preparou para nós.

Esqueça o que a feriu e abandone o que não edifica. Feridas não tratadas fazem com que você adoeça e até sangre em cima de quem não merece. Quem não perdoa acumula entulhos na alma; esse é o pior tipo de lixo, pois mistura todos os resquícios indesejados. A alma de quem não perdoa é sobrecarregada, pesada e repleta de lembranças que não proporcionam crescimento. Se não ajuda, esqueça. Se não edifica, abandone. Deus está abrindo um novo caminho, mas é necessário caminhar de forma leve para atravessá-lo.

Muitos vivem em extremos. Há aqueles que são excessivamente pessimistas; não creem em nada, não esperam nada e se conformam com a derrota. A presença de Deus continua a se manifestar em suas vidas, mas eles duvidam: "Será? Já esperei tanto tempo...". Por outro lado, há os otimistas ingênuos, que se recusam a enxergar a realidade, mesmo quando o "mundo está desabando". O verdadeiro caminho é o do equilíbrio: reconhecer as dificuldades sem se submeter a elas. Humanamente falando, a porta pode estar fechada, e a impossibilidade, bem diante dos seus olhos. Mas, ainda assim, decida confiar em Deus, ele é especialista em fazer do nada, tudo, em transformar o ordinário em extraordinário.

Se dependermos apenas do que vemos, de nossa história, do que nos sobreveio, das dores que vivemos, da conta bancária ou do diagnóstico médico, talvez não haja esperança. Mas, para o Senhor, se a realidade diz que não há caminho, ele abre um caminho. Se a realidade diz que não há saída, ele abre uma porta. Deus está preparando saídas inesperadas e ele pode — e quer — surpreender você.

No tempo da novidade, ele mesmo traça um destino onde antes não havia saída. Quando o profeta declara que o Senhor porá um caminho no deserto e rios no ermo, fica claro que se trata de algo sobrenatural. Deus está prometendo fazer aquilo que não é natural, mas, sim, extraordinário! Então, pare com essa mania de tentar compreender por meio da razão e da lógica humana o que Deus faz pelo seu poder sobrenatural. Apenas creia, receba e viva.

Se o Pai disser que você atravessará o obstáculo à sua frente, acredite, pois há um caminho novo no deserto para quem crê e recebe. Quem insiste em permanecer apenas no que é natural não terá um testemunho para contar, pois continua a viver com o mesmo comportamento. Não existe alternativa: só vive em novidade quem caminha no sobrenatural.

Em que área da sua vida você precisa de um novo caminho? Onde você necessita que Deus abra uma nova porta? Entenda que não me refiro a algo comum, mas a situações impossíveis, a problemas sem solução humana. Talvez um advogado tenha dito: "Só no próximo ano"; talvez os diagnósticos sejam desanimadores. Humanamente falando, não há saída. Mas, se Deus está agindo, ele abre o caminho!

Não importa o que os olhos naturais vejam, Deus chama você para caminhar no sobrenatural. Se for propósito dele, o Senhor estabelecerá um caminho novo onde não existe passagem e abrirá uma estrada nova onde antes havia só impossibilidades. Deus é fiel às suas promessas. Se ele prometeu, certamente desbravará um caminho para você passar. Mesmo no deserto, ele será luz na escuridão. O Senhor que abre caminhos está com você.

Ore comigo

Pai, creio que tua filha, conforme diz a tua Palavra, já deixou para trás as coisas velhas, e que tudo se fez novo. Há um novo tempo, uma nova estação, um novo caminho e um novo destino. Ela não terá o fim que o Inimigo da sua alma declarou que teria, mas viverá o que a tua Palavra, a expressão da tua boca na Terra, afirma. E aquilo que a tua boca fala, as tuas mãos realizam.

Pai, é em nome de Jesus que eu te peço: segura na mão da tua filha neste momento. Que ela sinta a tua presença poderosa sobre a vida dela agora e que seja conduzida em fé, dando passos de confiança rumo ao destino que o Senhor já preparou.

É verdade que parece não haver caminho, saída ou solução. Mas o Senhor coloca chão debaixo dos pés dela, para que ela caminhe sobre a tua Palavra. Eu oro assim porque creio: ela contará testemunhos, e o teu nome será glorificado. Em nome do teu Filho amado, Jesus Cristo. Amém e graças a Deus.

Para refletir

1. Que situações, lugares e pessoas você precisa deixar para trás?

    ....

    ....

2. Que mentiras do passado estão contaminando a sua identidade?

    ....

    ....

3. Você tem permitido que as distrações a impeçam de perceber o que Deus já está fazendo em sua vida?

    ....

    ....

4. Que milagres antigos o Senhor pode realizar nos novos cenários que você está vivendo hoje?

    ....

    ....

3 Viva a esperança de Deus

"Quando os sonhos se frustram
Ou parecem não se realizar
Quando as forças se acabam
Tudo o que eu sei é te adorar".[1]

---

1. VALADÃO, Ana Paula. Esperança. In: Diante do Trono. **Esperança.** Belo Horizonte: Diante do Trono, 2004. CD. Faixa 1.

Porque há esperança para a árvore, que, se for cortada, ainda se renovará, e não cessarão os seus renovos. Se envelhecer na terra a sua raiz, e morrer o seu tronco no pó, ao cheiro das águas, brotará e dará ramos como a planta.

Jó 14.7-9

QUANDO RECEBI A NOTÍCIA que mudaria minha vida para sempre, Deus me convidou a erguer um altar de adoração. Fomos informados da morte do meu pai por uma missionária, amiga da família, que, com muito amor, nos reuniu na sua casa. Mas, pasme: eu já sabia! O Espírito Santo havia comunicado ao meu espírito e, quando ela nos informou da terrível tragédia, não foi surpresa para mim.

Conheci o poder da adoração em meio ao caos. Sim, no dia da minha maior dor, o Pai me revelou um amor que eu jamais havia experimentado. Até então, eu o conhecia apenas como o Deus dos meus pais, mas, daquele momento em diante, passei a conhecê-lo como meu Deus.

A adoração é capaz de nos tirar do chão e nos livrar de tudo aquilo que tenta nos aprisionar. Ela não nos faz ignorar a realidade, mas nos transporta para um lugar onde a dor não nos destrói e onde aquilo que vivemos não consegue nos matar. Somente a presença do Senhor tem esse poder.

Há um personagem bíblico que, no pior dia de sua vida, também ofereceu adoração. Após receber a notícia de que todos os seus filhos estavam mortos, Jó declarou: "Nu saí do ventre de minha mãe e nu tornarei para lá; o SENHOR o deu e o SENHOR o tomou; bendito seja o nome do SENHOR" (Jó 1.21).

O Inimigo não suporta quando, apesar de nossas angústias, continuamos a adorar. Também não podemos nos esquecer de que Deus habita no meio dos louvores. Portanto, se adorarmos na dor, o Senhor manifestará a sua glória.

Durante o processo de sofrimento de Jó, ele começou a questionar o Senhor, buscando compreender o motivo de tudo o que estava enfrentando. A passagem bíblica que lemos no início deste capítulo é encorajadora. Ela nos enche da esperança que só pode experimentar quem caminha com Deus e confia nele.

Esses três versículos expressam o desabafo da alma de Jó, um homem íntegro, reto, que temia ao Senhor e se desviava do mal. A Bíblia diz que, quando seus filhos se reuniam em festas, ele oferecia sacrifícios a Deus, pois pensava: "Talvez tenham pecado". Era um homem zeloso de sua fé e sua família (cf. Jó 1.1-5).

Mas, um dia, algo aconteceu. Os anjos foram à presença do Senhor para adorá-lo, e Satanás também foi. Então, Deus perguntou a Satanás: "Observaste o meu servo Jó? Ele é íntegro, reto, temente e se desvia do mal". O Diabo respondeu com despeito que era fácil Jó adorar o Senhor, pois ele o abençoava, cercava-o de bens e lhe dava tudo (cf. Jó1.6-10).

Você conhece pessoas que são exatamente assim? Quando uma pessoa é elogiada por sua fé, sempre aparece alguém para dizer: "Também, olha só a vida dela!". Na boca do invejoso sempre há um "também". O Inimigo não suporta ver que você é protegida e que toda a sua provisão veio das mãos do Pai. Por isso, ele atua como um assassino da esperança.

De acordo com o Diabo, se a nossa vida não está em ordem, somos incapazes de adorar e, se dependesse dele, já estaríamos mortas. Mas o Senhor cerca seus filhos com sua proteção, e as hostes da maldade não podem tocá-los. Isso significa que na sua casa, nos seus projetos e nos seus sonhos, o Inimigo não tem autoridade para intervir. O Senhor a cercou de proteção! Creia: você está guardada, blindada e escondida pelas poderosas mãos de Deus.

É Deus quem estabelece os limites

O diálogo celestial continua. Deus olha para Satanás e diz algo como: "O problema é esse? Você pensa que Jó me serve apenas por causa do que eu lhe dou? Você pensa que meu servo só me adora por causa das bênçãos?".

Muitas lutas que enfrentamos não são apenas ataques do Inimigo tentando nos deter. Algumas batalhas são mais profundas; nelas, Deus prova ao Diabo que não iremos retroceder. Ou seja, por meio da perseverança em meio às dificuldades, provamos

"

A ADORAÇÃO
É ***CAPAZ*** DE NOS
TIRAR DO CHÃO E
NOS ***LIVRAR*** DE TUDO
AQUILO QUE TENTA
NOS ***APRISIONAR.***

Viva

RAQUEL LIMA

ao Inimigo que permaneceremos fiéis. Jó não adorava a Deus por aquilo que o Senhor iria fazer, mas pelo que ele já havia feito.

Nesse diálogo, Deus, repleto de amor e satisfação, apresenta seu filho. Se você é mãe e foi a uma apresentação escolar, talvez entenda esse sentimento. Já aconteceu comigo. Vi minha criança no palco e disse para todo mundo: "É meu filho!". Ninguém me perguntou, mas eu fiz questão de declarar. Deus faz o mesmo com Jó: "Você viu meu filho? Ele não retrocede, é íntegro, temente e fiel. O vento sopra, e ele continua de pé. As dificuldades chegam, e ele permanece. Se alguém declara mentiras a seu respeito, ele persevera, pois sabe quem o respalda".

Vivemos dias em que as pessoas se preocupam demais com a opinião alheia. Desejosas de aprovação, estão sempre perguntando: "O que fulano disse de mim?". Os relacionamentos são tão frágeis que, se não elogiamos alguém, corremos o risco de perder amizades.

Mas, veja que, no relato sobre Jó, o próprio Criador afirma a boa conduta de seu filho. Deus declara que seu servo é íntegro, temente, fiel e reto. Minha amiga, é o Pai quem testemunha!

Já ouvi reclamações do tipo: "Ah, Raquel, se fulano me indicasse na empresa, eu entraria!". "Se ciclano pegasse meu currículo, eu conseguiria!". O que muitos não entendem é que devemos parar de confiar em pessoas e depender delas para que nossas questões sejam resolvidas. Existem problemas que só Deus é capaz de solucionar.

Quando ele nos indica, ninguém pode nos impedir. Se o Pai testemunha a seu respeito, ninguém pode contestar, pois ele a conhece melhor do que você mesma e muito melhor do que o Inimigo da sua alma. Portanto, daqui para frente, faça o seguinte: deixe Deus dar testemunho a seu respeito, principalmente nos tempos de dificuldade. Faça questão de ser conhecida no Céu, pois quando o Céu valida você, a Terra e o Inimigo não são capazes de cancelá-la.

A Bíblia nos ensina que é o Pai quem permite as provações, e isso deve nos encher de esperança, pois Satanás tem um limite estabelecido pelo Senhor. Quando o Inimigo pede permissão para tocar em Jó e em tudo o que ele tem, é Deus quem autoriza. No entanto, o Senhor impõe uma condição: "Somente contra ele não estendas a tua mão" (cf. Jó 1.12).

Você percebe como essa afirmação é poderosa? É como se o Senhor estivesse dizendo: "Eu coloquei um limite; eu estabeleci um 'até aqui!'". Acredite: Satanás só pode ir até onde Deus permite. Você não precisa sentir medo, perder o sono, sofrer de ansiedade e duvidar do cuidado divino sobre sua vida. Deus certamente irá intervir. As dúvidas abrem espaço para que o mal invada sua mente e seu coração. Portanto, decida verdadeiramente crer que há um limite imposto pelo Senhor: "Daqui, o seu inimigo não passa!". O que o Céu determina, o Inimigo obedece. Creia que Deus estabeleceu um limite que seu Inimigo não pode ultrapassar.

Mais adiante, lemos que as notícias começaram a chegar até Jó. Um mensageiro veio dizendo que adversários mataram seus servos e levaram seu gado; logo em seguida, outro relatou que fogo caiu do céu e consumiu tudo. Enquanto um ainda falava, chegava mais um anunciando uma nova tragédia. Isso já aconteceu com você?

Às vezes, tentamos permanecer otimistas, mas somos bombardeadas por notícias ruins, desastres e catástrofes ao redor do mundo. Até mesmo as pessoas com quem andamos parecem nos puxar para baixo com seus comentários pessimistas e desanimadores.

Entretanto, a nossa boca tem de ser fonte de boas notícias. Mesmo que tudo dê errado, precisamos ser aquelas que declaram: "Já deu certo!". O cenário pode estar de ponta-cabeça, mas dos nossos lábios devem sair palavras de fé. Apesar de parecer que tudo está destruído, persevere e afirme: "Deus já se levantou em meu favor! O Céu não perdeu o controle!".

Questionamento X Murmuração

Quando as várias tragédias são comunicadas a Jó, sua mulher se volta para ele e diz que não lhe resta mais nada além da morte: "Ainda reténs a tua sinceridade? Amaldiçoa a Deus e morre" (Jó 2.9). Imagine a expectativa dos demônios nesse momento, aguardando Jó murmurar e jogar tudo para o alto. No entanto, lemos que, em vez disso, ele se prostra em terra.

Muito provavelmente, a torcida das trevas estava observando e dizendo: "Agora ele desiste! Agora ele abandona! Agora ele murmura!". Existe uma expectativa do Inimigo em relação ao que faremos no meio da luta. É por isso que, quando enfrentamos um vento forte ou uma peleja, não podemos nos trancar em casa dizendo que não sabemos o que Deus fará.

No dia mau, levante-se adorando. O Diabo fica enfurecido quando, apesar de termos motivos para murmurar, decidimos adorar, ou, mesmo que tenhamos todas as desculpas do mundo para desistir, dobramos os joelhos e declaramos: "Senhor, a glória e o louvor ainda são teus! A minha vida está na palma da tua mão, e eu me recuso a murmurar!". Encha o peito de esperança e creia que o Deus que colocou a prova diante de você não a deixará sozinha. Acredite no cumprimento das promessas e esteja pronta para a restauração que trará o novo à sua vida.

Quando Jó se prostrou em terra, os demônios estavam esperando sua derrota, mas, enquanto sua mulher disse: "Desista!"; Jó respondeu: "Não! Eu o bendigo e permaneço, pois sei que o meu Deus é bom!". Até mesmo os espíritos do mal insistiram: "Amaldiçoa a Deus e morre!"; mas Jó permaneceu firme: "Não! Ainda tenho projetos para viver! Bendito seja o nome do Senhor!". É debaixo dessa afronta que você deve erguer um altar de adoração. Minha amiga, obrigue o seu corpo a se levantar do chão e faça com que a sua alma erga um altar, mesmo quando tiver o desejo de murmurar.

“”

Toda vez que você **murmura,** você volta para o final da fila, dá mais uma volta no **deserto,** e o tempo da sua **chegada** à **terra prometida** se estende por anos.

Jesus

Viva

RAQUEL LIMA

No decorrer da história de Jó, vemos que ele questiona Deus sobre tudo o que aconteceu, mas jamais reclama. Quando um filho recebe um "não" de seus pais, sua primeira reação é perguntar: "Por quê?". Na minha infância, minha mãe me matava de curiosidade quando simplesmente respondia: "Porque não!". E assim aconteceu com Jó; como filho de Deus, ele se apresenta diante do Pai com suas dúvidas e questionamentos.

Contudo, algo deve ficar claro para nós: há uma diferença entre questionamento e murmuração. Aprendi isso ao lidar com as minhas crianças. Certa vez, quando meu filho Benjamim pediu para ir à casa de sua tia, respondi que não, e ele logo quis saber o motivo. Expliquei que tínhamos outros compromissos e tarefas para cumprir. Apesar da negativa, ele não se irritou e foi compreensivo. Minha filha Maria, porém, reclamou: "Essa é a casa do não! Nunca podemos fazer nada!".

Naquele momento, tive de me posicionar de forma diferente em relação a cada filho. Respondi ao Benjamim: "Você entendeu os motivos que expliquei e não reclamou. Por isso, amanhã eu levo você para brincar com seu primo". Em seguida, olhei para Maria e disse: "Como você murmurou, só vai no mês que vem". De maneiras como essa, ensino aos meus filhos uma lição extremamente valiosa: a murmuração nos rouba do propósito.

Toda vez que você murmura, volta para o final da fila, dá mais uma volta no deserto, e o tempo da sua chegada à terra prometida se estende por anos. Deus tem algo a realizar na sua vida, no seu ministério, nas suas emoções e na sua casa, mas é possível que sua própria língua esteja retardando o processo.

Eu sou tentada a murmurar todos os dias, mas sempre me lembro do fruto dessa atitude: a perda do meu propósito. Quando tenho vontade de reclamar, vou contra os meus instintos e escolho adorar. Murmuração é a marca dos desesperançados, mas o louvor vem dos lábios de quem sabe a quem serve e a quem pertence, de quem escolhe esperar nas promessas do Senhor.

Renovo: o fruto da esperança

Jó estava passando por uma luta que o atingiu de repente e queria entender o motivo de tudo aquilo. Em meio aos seus questionamentos sinceros, no capítulo 14, ele fala do destino trágico de todos os homens: a morte.

Jó declara: "Se eu tivesse nascido árvore, mesmo que a vida me golpeasse, mesmo que o machado me cortasse ao meio e meu tronco envelhecesse no chão, mesmo que minhas raízes secassem, bastaria um pouco de água... aliás, bastaria apenas o aroma das águas, e a planta voltaria a crescer! Mas o homem não. Quando morre, fica prostrado. O ser humano expira e para onde vai?" (cf. Jó 14.7-12). Jó desejava abrir mão de sua humanidade frágil e ser como as árvores, que voltam a crescer apesar das adversidades.

Encontramos a resposta para a sua dor no Novo Testamento, quando Jesus encerra essa discussão ao declarar: "Eu sou a videira verdadeira, e meu Pai é o lavrador. Toda vara em mim que não dá fruto, a tira; e limpa toda aquela que dá fruto, para que dê mais fruto" (João 15.1-2). Cristo estava dizendo que o Pai poda o ramo que dá fruto para que cresça ainda mais forte. Ou seja, Jó estava sendo podado, e isso geraria crescimento. Esse aprendizado também serve para nós: nossas provações nos aperfeiçoam.

Além disso, há esperança para a árvore que, mesmo cortada, ainda se renova. Isso significa que o que aconteceu conosco não alterou a nossa essência. Você pode ter sido cortada, ferida ou traída, mas ainda é árvore. Talvez outros tenham declarado mentiras a seu respeito, mas isso não mudou quem você é. Nada pode roubar a sua essência. A Palavra diz que ainda existe esperança para quem sofreu uma queda, enfrentou uma luta e passou por situações inimagináveis. Você ainda está plantada!

Levantar-se, crescer, adorar e glorificar a Deus de novo faz parte da sua essência. O Inimigo pode pensar que, ao golpeá-la, você não se levantará mais. No entanto, ele não sabe que você é árvore plantada pelo Senhor e, por isso, crescerá, florescerá e dará testemunho novamente. Cantará de novo; pregará de novo; sonhará de novo; tentará de novo!

Jó prossegue: "Se envelhecer na terra a sua raiz, e morrer o seu tronco no pó, ao cheiro das águas, brotará e dará ramos como a planta" (Jó 14.8-9). Imagine uma árvore golpeada ao meio por um machado. Já vi árvores cortadas, com apenas um pedaço de tronco saindo do solo. E, com o tempo, observei ramos começarem a brotar dele outra vez. Alguém pode olhar para você e dizer que levará muito tempo para crescer até o tamanho que estava, mas o que o Inimigo não sabe é que, para Deus, o que importa não é a altura da árvore, mas a profundidade da raiz. Não faz diferença quanto tempo levará; é certo que você crescerá de novo!

Jó está nos revelando algo poderoso: se todas as expectativas humanas acabarem, basta o aroma das águas. Uma árvore que se preze não precisa ver a chuva, pois, apenas pelo cheiro, ela já sabe que as águas estão chegando. As árvores têm raízes que se fixam ao solo e se alimentam da água que está ali. Logo, ainda que tudo pareça seco, há um manancial de águas vivas que nutre a sua vida.

Certo dia, uma amiga me contou uma curiosidade sobre uma árvore chamada cedro do Líbano. Ela me explicou que o cedro demora muito para crescer. Quem o observa de longe pode pensar que ele está estagnado, pois, ano após ano, parece ter o mesmo tamanho. No entanto, o que ninguém vê é que, antes de crescer para cima, ele se estende para baixo. A árvore dedica todas as energias a fincar raízes profundas até alcançar o lençol freático, de onde retira a água para sua sobrevivência. Assim, quando finalmente o cedro começa a crescer de modo visível, está sustentado e estruturado para permanecer de pé.

“”

PARA DEUS, O QUE IMPORTA NÃO É A *ALTURA* DA *ÁRVORE*, MAS A ***PROFUNDIDADE*** DA ***RAIZ***.

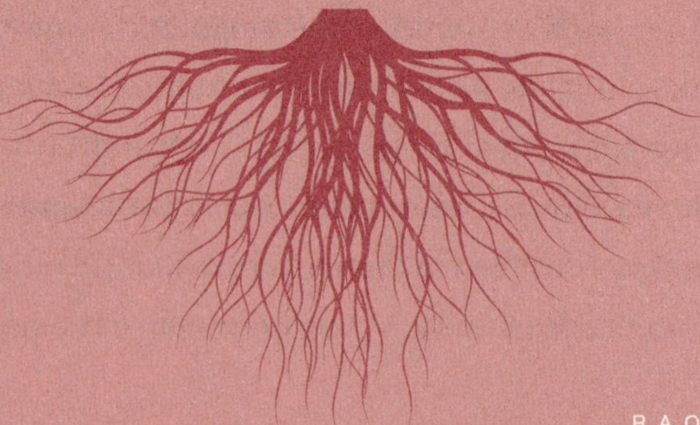

Viva

RAQUEL LIMA

Talvez você esteja atravessando um período em que não vê progresso. As pessoas olham para você e pensam que não chegará a lugar nenhum e que não tem condições de conquistar nada. Tenha esperança! Continue permitindo que Deus fortaleça suas raízes para que você seja firmada no lugar certo. Árvores de raízes profundas não temem tempestades, não se abalam com ventos fortes nem se assustam com o machado do lenhador. Venha o que vier, a pessoa que tem raízes profundas em Cristo não pode ser arrancada.

O Inimigo pode tentar derrubá-la de todas as formas; contudo, você está firmada no Senhor! E, ao cheiro das águas, voltará a dar ramos como planta nova. O Diabo pensou que você estivesse solta na terra, mas a sua raiz está firmada no Deus Todo-Poderoso!

Alguns ataques nos roubam as forças. Às vezes, não temos mais ânimo para orar, e tudo o que resta são lágrimas. É verdade que, ao longo da caminhada com Jesus, podemos sofrer golpes inesperados. Mas o que Satanás não sabe é que quem tem raiz profunda sempre cresce de novo. Seu Inimigo não entende que você não é "Nutella", você é "raiz" (risos). Podemos até perder folhas, galhos e frutos, mas a raiz continuará intacta.

Eu declaro, pela fé, que já estou sentindo o aroma das águas sobre sua vida. E essa água não é de destruição, dor ou luta. É o próprio Deus, dizendo: "Estou regando suas raízes, pois você não permanecerá desse jeito. Voltará, crescerá e testemunhará!".

A intercessão que nos traz esperança

A Bíblia nos diz que, um dia, enquanto Jó orava pelos seus amigos, Deus mudou o seu cativeiro (cf. Jó 42.10). Isso não aconteceu apenas com uma oração; foi um processo. Ele orou constantemente e, mesmo que nada tivesse acontecido, permaneceu fiel. Enquanto o Senhor não virou o cativeiro, Jó não saiu do lugar da intimidade e da intercessão.

Hoje, infelizmente, vejo que muitos põem a própria necessidade em primeiro lugar e querem resolver suas questões antes de pensar nos outros. Entretanto, o segredo da virada está na intercessão. Deus mudou a sorte de Jó quando ele pôs a necessidade dos amigos antes da sua. Foi então que o Senhor olhou para o coração de seu filho e constatou que, naquele momento, ele estava pronto. Era hora de renová-lo.

Antes de as calamidades atingirem Jó, ele dizia: "Com o ouvir dos meus ouvidos ouvi" (Jó 42.5). Antes de perder filhos, bens e saúde, ele conhecia Deus apenas pelo que os outros falavam. Mas, depois da provação, ele teve um encontro real com o Senhor e pôde dizer: "Mas agora te veem os meus olhos!". Essa foi a sensação que experimentei ao ter de passar pelo luto e pela depressão. Quando finalmente a tempestade se acalmou e o tempo se abriu, pude ver a Deus claramente, como nunca o havia enxergado.

Por isso, posso afirmar com convicção que a guerra que você está enfrentando não é para matá-la, pois Deus está se revelando por meio dela. Creia que, a partir dessa batalha, você poderá dizer: "Agora eu te conheço, Senhor! Agora eu sei quem é o meu Deus! Agora eu tenho intimidade contigo!". Além de o Pai nos aperfeiçoar, ele quer ser conhecido e se revelar a nós em sua mais profunda essência. Por isso, enquanto você lê estas páginas, em nome de Jesus, eu profetizo que, após essa luta que parece interminável, você proclamará com seus lábios o que Jó declarou: "Antes eu te conhecia só de ouvir falar, mas hoje te vejo na minha vida, na minha casa, no meu sorriso e até nas minhas lágrimas". Sim, a dor nos eleva a um novo patamar e nos capacita a viver à altura dos propósitos de Deus.

Minha amiga, a sua luta não será em vão e a sua dor não será desperdiçada. Deus não permite um processo sem um propósito, e ele não se revela superficialmente, mas de forma profunda, marcante e inesquecível. No meio do deserto, o Pai se apresenta como água viva; no meio da tempestade, ele se manifesta como abrigo seguro; no meio da perda, o Senhor se revela como restituição.

Talvez você tenha muitas orações sem resposta e espere pela mudança do seu cativeiro. É possível que já tenha orado tantas vezes que começou a se perguntar se o Pai realmente está ouvindo. Se é o caso, quero lembrá-la de que ele ouve seu clamor, enxerga você e se importa com a sua vida. Sim, ele a vê, e o que é importante para você também importa para Deus. Acredite que, no tempo determinado, Deus mudará o cativeiro. Jó não sabia o que estava por vir, mas Deus tinha tudo preparado. Da mesma forma, você pode não ver agora, mas há um propósito em andamento e um milagre sendo gerado em sua história.

A sua fidelidade no secreto tem poder para liberar uma colheita em público. Creia que a sua intercessão está movendo os Céus, confie que o tempo da resposta está chegando e, quando o Senhor agir, será abundante. Ele não apenas restaurou o que Jó havia perdido, mas deu em dobro. O Deus que restituiu Jó é o mesmo que age em sua vida hoje. Portanto, permaneça, persevere e continue clamando. A sua resposta está a caminho e, quando chegar, será maior do que você imagina. Minha amiga, não perca a esperança: você ainda pode viver tudo aquilo que Deus declarou sobre você.

Ore comigo

Pai, em nome de Jesus, diante das lutas e dos desafios da vida, ensina tua filha a confiar que a esperança em ti jamais será frustrada. Assim como a árvore cortada pode brotar novamente ao cheiro das águas, que tua filha creia no teu poder em meio às provações, pois tua graça a sustenta e a fortalece. Que sua fé não se abale diante das adversidades, mas permaneça firme, com a certeza de que tudo está sob teu controle e de que tens um propósito em cada situação. Ajuda tua filha a compreender que algumas batalhas não são meros ataques do Inimigo, mas oportunidades para que a tua glória se manifeste. Que, em vez de murmurar, ela possa te adorar, reconhecendo que és soberano sobre todas as coisas. Que ela não tenha medo das más notícias e permaneça confiante em ti. Mesmo quando tudo parecer incerto, que sua boca declare: "O Senhor já se levantou em meu favor!"

Pai, dá à tua filha um coração fiel como o de Jó que, mesmo sem entender os teus caminhos, continuou a te adorar. Que ela enfrente cada tempestade com a certeza de que tu tens um limite para cada provação e de que, ao final, ela será renovada e fortalecida. Que ela seja um testemunho vivo da tua fidelidade e do teu poder restaurador. Em nome de Jesus, amém e graças a Deus.

Para refletir

1. Como você tem reagido nos momentos de dor? Com adoração ou murmuração?

....

....

....

2. Você consegue confiar que Deus está no controle, mesmo quando não entende o que está vivendo?

....

....

....

3. Em meio às suas lutas, você tem se lembrado de interceder por outras pessoas?

....

....

....

4 Viva a unção de Deus

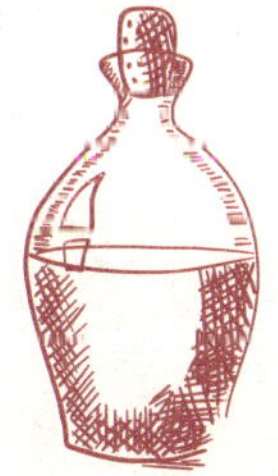

“Deus nunca desperdiça uma lágrima. Ele transforma lágrimas em testemunhos e cinzas em beleza”. — Max Lucado[1]

1. Lucado, Max. **You’ll Get Through This**. Nashville: Thomas Nelson, 2013 [**Você vai sair dessa!** Rio de Janeiro: Thomas Nelson Brasil, 2019].

O Espírito do Senhor Jeová está sobre mim, porque o Senhor me ungiu para pregar boas-novas aos mansos; enviou-me a restaurar os contritos de coração, a proclamar liberdade aos cativos e a abertura de prisão aos presos; a apregoar o ano aceitável do Senhor e o dia da vingança do nosso Deus; a consolar todos os tristes; a ordenar acerca dos tristes de Sião que se lhes dê ornamento por cinza, óleo de gozo por tristeza, veste de louvor por espírito angustiado, a fim de que se chamem árvores de justiça, plantação do Senhor, para que ele seja glorificado.

Isaías 61.1-3

A PARTIR DO MOMENTO em que nosso coração se enche da esperança que há em Deus, podemos tomar posse das verdades que ele diz sobre nós. Não devemos nos esquecer, porém, de que é exatamente isso que o Inimigo deseja impedir: que tenhamos convicção da nossa identidade de filhas amadas do Pai. Por isso, ele ataca nossa mente com distrações, mentiras e preocupações que nos impedem de avançar.

Às vezes, ficamos preocupadas demais com o que os outros dizem a nosso respeito. Contudo, Deus não quer que percamos tempo analisando opiniões alheias negativas, como se elas pudessem definir o nosso destino. Eu costumava perder noites de sono, entristecida e arrasada, pensando em como poderia mudar o que os outros pensavam de mim. Por fim, o Espírito Santo me fez entender que a presença dele na vida de quem é escolhido é uma evidência. Acredite: o que realmente importa é que o Espírito do Senhor está sobre você!

Isaías 61 anuncia a dupla missão do seu Ungido, o Messias. Ele profetiza não apenas sobre Jesus, mas também sobre o povo exilado. Essa palavra tem dois propósitos: lembrar quem é Cristo e manifestar em nós aquilo que ele declarou a nosso respeito.

Esse texto estava presente em minha vida há muito tempo, mas eu não conseguia me enxergar pelas lentes do Céu, nem era capaz de entender como o Pai me via. Sabe aquela convicção que só tem quem se apropria daquilo que Deus declarou? Era exatamente disso que eu precisava. Até que, em um dia de muita dor, o Pai me encontrou e começou a trazer à minha memória essa palavra tão poderosa.

Isso aconteceu por volta dos meus 18 anos, quando, desde a morte do meu pai, eu enfrentava uma angústia profunda que me fazia querer sumir deste mundo. Lembro-me de orar pedindo um sinal: "Hoje eu irei ao culto e, se o sermão do pastor for essa exata passagem, vou entender que o Senhor está realmente falando comigo".

Naquela mesma noite, ao chegar à igreja, ouvi o presbítero dizer: "Irmãos, abram a Bíblia no livro de Isaías, capítulo 61". Comecei a chorar. Logo em seguida, um homem usado por Deus veio até onde eu estava e declarou: "Deus trouxe você aqui para lembrá-la das promessas que ele reserva para sua vida. O Senhor entrou em seu quarto e sussurrou essa palavra em seu ouvido, só para fazê-la recordar que ele é o Deus da sua infância". Minha amiga, saiba que Deus se compromete com o que fala, e é certo que sua palavra se cumprirá.

No Novo Testamento, lemos que Jesus tem a oportunidade de falar na sinagoga. Ele se levanta, recebe o livro de Isaías e lê exatamente esse texto:

> Então, pela virtude do Espírito, voltou Jesus para a Galileia, e a sua fama correu por todas as terras em derredor. E ensinava nas suas sinagogas e por todos era louvado. E, chegando a Nazaré, onde fora criado, entrou num dia de sábado, segundo o seu costume, na sinagoga e levantou-se para ler. E foi-lhe dado o livro do profeta Isaías; e, quando abriu o livro, achou o lugar em que estava escrito: O Espírito do Senhor é sobre mim, pois que me ungiu para evangelizar os pobres, enviou-me a curar os quebrantados do coração, a apregoar liberdade aos cativos, a dar vista aos cegos, a pôr em liberdade os oprimidos, a anunciar o ano aceitável do Senhor. E, cerrando o livro e tornando a dá-lo ao ministro, assentou-se; e os olhos de todos na sinagoga estavam fitos nele. Então, começou a dizer-lhes: Hoje se cumpriu esta Escritura em vossos ouvidos (Lucas 4.14-21).

Quando o Messias diz em alta voz: "O Espírito do Senhor é sobre mim", muitos se incomodam. Os fariseus, os hipócritas

Deus se **comprompete** com o que fala, e é certo que sua **palavra** se **cumprirá.**

Viva

RAQUEL LIMA

e os incrédulos se enchem de ira e perguntam: "Quem ele pensa que é?". Alguns murmuram: "Não é esse o filho do carpinteiro? O filho de Maria?". E ainda outros ironizam: "Ele acha que o profeta Isaías está falando dele?".

Era justamente isso que Jesus estava fazendo. Estava se referindo a si mesmo como o Messias e falando de sua missão, pois, quem tem convicção de sua identidade e de seu propósito não perde tempo com pessoas que não sabem quem são nem para onde estão indo.

O coração dos fariseus se encheu de tamanha ira que tentaram matá-lo. Lembre-se disto: todas as vezes que você não se deixar paralisar pelo desprezo nem pela afronta, o Inimigo agirá de forma ainda mais suja para tentar destrui-la de uma vez por todas. Foi o que aconteceu nessa situação, em que os fariseus quiseram lançar Jesus de um penhasco, mas ele se esquivou e seguiu adiante.

Mesmo depois de enfrentar toda essa hostilidade, todo esse desprezo e uma tentativa de homicídio, Cristo deu continuidade ao seu ministério. Nada o impediu de cumprir o chamado que o Pai lhe havia confiado. Da mesma forma, nenhuma opinião contrária pode impedir você de cumprir o chamado de Deus. O que ele tem para sua vida é maior do que qualquer oposição. Portanto, faça como o Mestre: levante a cabeça, confie no Senhor e siga em frente, pois ele já estabeleceu quem você é!

Há poder na unção

Ao ler esse trecho de Isaías, a primeira lição que desejo que você guarde é esta: a presença de Deus na sua vida é um fato. Gostem ou não, concordem ou não, o Espírito do Senhor está na vida de todos aqueles que já receberam Jesus como Senhor e Salvador. Cristo está dizendo que essa verdade não pode ser alterada.

Até quando você continuará "tristinha", cabisbaixa e com essa "carinha" só porque alguém disse que não concorda com o que Deus tem feito na sua vida? Até quando permitirá que a opinião dos outros determine sua caminhada? Pare de se preocupar com o que falam a seu respeito. Não analise, não anote, não pesquise como se a opinião alheia pudesse definir seu futuro. Se o Espírito do Senhor está sobre você, o que importam as críticas daqueles que não desejam o seu bem?

O texto profético continua: "Porque o Senhor me ungiu para...". A pergunta é: Para quê? Para pregar as Boas-Novas! O agir do Espírito Santo em sua história acontece com um propósito que vai além do que você imagina. A unção de Deus na sua vida tem uma finalidade.

Como pentecostal e filha de pastores, cresci ouvindo: "Não mexa com fulano, porque ele é ungido". Era como se a unção, para alguns, fosse usada como uma ameaça. No entanto, depois de meditar sobre o texto de Isaías, o Espírito Santo me ensinou que a unção de Deus na vida de alguém não é instrumento de intimidação. Ela não serve para atacar, mas para realizar a vontade do Senhor.

Enquanto eu permanecia sufocada pela angústia, apenas sobrevivia, pensando que estivesse vivendo. Então, o Pai abriu meus olhos espirituais e me mostrou como ele me via. É transformador quando o próprio Deus nos lembra de quem somos.

Em um daqueles dias em que acordei ainda com a mesma dor profunda, ouvi a voz do Senhor: "Declare essa palavra, Raquel. Aproprie-se dela. Não a proclame da boca para fora, mas como alguém que realmente acredita que a Palavra de Deus é a boca de Deus!". Quanto mais eu declarava, mais aquelas palavras me preenchiam, a angústia se dissipava e eu me sentia fortalecida.

Precisamos entender que Deus não nos unge para que a unção fique guardada numa caixinha e seja usada apenas em momentos específicos. Ela tem uma finalidade. O profeta diz que o Senhor o ungiu para algo, ou seja, a unção não é para ostentação ou simplesmente para dizermos: "Sou ungida, carrego a presença do Criador". Ele nos ungiu para pregarmos as Boas-Novas, isto é, as boas notícias do Reino dos Céus.

Deus quer que você seja uma propagadora do Reino, e isso inclui dar testemunho das maravilhas que ele tem feito em sua vida e por meio dela. Sua história é um testemunho ambulante, e você precisa se apropriar dessa verdade, colocando em prática o que a Palavra diz.

Eu me lembro de um tempo em que, onde quer que chegássemos, era só dar uma brecha que meus pais falavam de Jesus. Cresci vendo como eles eram usados por Deus para compartilhar o Evangelho. Infelizmente, percebo que hoje as pessoas não têm essa mesma paixão. A vida está corrida, estamos cansadas e deixamos de testemunhar. Quando recebemos a oportunidade de falar sobre Jesus, muitas vezes nos limitamos ao superficial.

Outro dia, entrei em um carro de aplicativo. Estava precisando de uma palavra de Deus, mas, em vez de buscar, fingi estar ocupada no celular, resolvendo a vida. De repente, uma amiga me mandou uma mensagem: “Preciso que ore por mim”. Respondi o clássico: “Vou orar”. Porém, não imaginei que ela me levaria a sério e ligaria no mesmo instante, dizendo: “Já estou de joelhos dobrados!”. Como eu não podia negar aquele pedido, comecei a orar, mas sem ânimo: “Senhor, abençoa... ajuda... derrota o Inimigo”. Para minha surpresa, a presença de Deus invadiu o ambiente, e o que havia começado como uma oração mecânica se tornou um momento poderoso. No fim das contas, enquanto orava por ela, quem foi preenchida com a presença do Senhor fui eu.

Assim que cheguei ao meu destino, o motorista se virou e disse:

— Pastora Raquel, que alegria!

Perguntei:

— O senhor me conhece?

“”

Deus quer que você seja uma ***propagadora*** do Reino, e isso inclui dar ***testemunho*** das maravilhas que ele tem feito em sua **vida** e por meio dela.

Ele disse:

— Eu ia pedir oração, mas fiquei sem graça. Apesar disso, quando a senhora começou a orar, percebi que era de Deus!

Então, decidi orar também pelo motorista e senti como se o Céu descesse à Terra. Só não batizei aquele homem porque não tinha água, mas, se houvesse como, eu o teria batizado ali mesmo (risos)!

Muitas vezes, ficamos esperando um arrepio, um sinal, um mover especial para falar do Reino. Mas, se existe uma unção sobre você para proclamar o Evangelho, avance! Não importa onde ou com quem esteja, a unção que Deus derramou sobre sua vida tem um propósito. Por isso, eu a encorajo a ser, a partir de hoje, uma inconformada, alguém que não descansará enquanto não estiver exatamente no centro da vontade de Deus, fazendo tudo o que o Pai deseja que você realize.

Chegou o ano da libertação e do perdão

O texto profético vai adiante: "O Espírito do Senhor JEOVÁ está sobre mim, porque o SENHOR me ungiu para pregar boas-novas aos mansos; enviou-me a restaurar os contritos de coração, *a proclamar liberdade aos cativos e a abertura de prisão aos presos*" (grifo nosso). Quem eram os cativos de que o profeta fala aqui? Eram aqueles mantidos escravizados pelos ímpios. E quem eram os presos? Aqueles que haviam cometido delitos e sabiam exatamente pelo que estavam pagando.

Não importa se alguém está preso injustamente ou se é consequência de um erro cometido. O Senhor diz que sua unção derramada sobre nós nos dá autoridade suficiente para nos levantarmos e declararmos: "Sejam livres!". E é o que eu profetizo sobre sua vida: não importa se a prisão em que sua alma se encontra hoje é resultado de uma decisão errada do passado. A unção de Deus é suficiente para libertá-la!

O profeta fala, ainda, de "apregoar o ano aceitável do SENHOR". A referência aqui é ao Ano do Jubileu, o ano do perdão de dívidas, em que todo escravo era liberto, toda dívida era perdoada e desaparecia do sistema. Qualquer pendência era resolvida: ou a pessoa era liberta, ou perdoava quem precisava.

Acredito que, do mesmo modo, sua vida não será marcada por dor, perda, angústia, sofrimento ou aperto. Creio e profetizo que este será o ano aceitável do Senhor para a sua vida! Aquilo que parece impossível acontecerá e a porta que está fechada será aberta, pois Deus é poderoso para restaurar tudo o que está fora do lugar.

Troque as cinzas pela coroa

Isaías prossegue em sua profecia e diz que foi enviado "a consolar todos os tristes; a ordenar acerca dos tristes de Sião que se lhes dê ornamento por cinza". Na cultura daquele tempo, quando alguém estava muito angustiado ou amargurado, vestia-se de pano de saco, colocava cinza sobre a cabeça e se assentava à porta da tenda ou em locais públicos. Quem via já sabia que aquela pessoa estava passando por uma grande luta ou havia perdido algo ou alguém. Alguns zombavam, enquanto outros se condoíam e lamentavam.

Deus se volta para o profeta e o instruí a dizer ao povo que o Senhor não quer que ponham cinza sobre a cabeça, mas uma coroa. Talvez você pense: "Só Deus sabe como cheguei até aqui", e talvez você não consiga esconder quando as coisas não estão bem. Pode ser que você seja o tipo de mulher que, quando enfrenta algo difícil, permanece com a alma amargurada e entristecida. Porém, a vontade de Deus é que, em vez de agir conforme seus sentimentos, você se comporte da forma que ele a enxerga. O Senhor deseja que você ande na contramão da sua realidade, pois a pessoa que foi ungida para um propósito específico e está convicta dessa unção não é amargurada, derrotada, nem deprimida. O Pai a vê como uma campeã; enxergue-se como Deus a vê.

O "look" da mulher ungida

Entenda: alguns comportamentos não combinam com uma mulher que reconhece que é uma pessoa ungida, e há palavras que não estão mais de acordo com quem você se tornou em Cristo. A Bíblia diz: "A morte e a vida estão no poder da língua; e aquele que a ama comerá do seu fruto" (Provérbios 18.21). Portanto, decida eliminar o que não combina com quem você é ou com o lugar para onde está indo. Tome cuidado com o que fala e com a forma que se comporta.

Quando o texto de Isaías menciona "veste de louvor", o profeta está se referindo a uma roupa de festa, um traje de celebração que se usaria, por exemplo, numa cerimônia de casamento. Sabe aquela roupa tão repleta de brilho que até os que estão longe conseguem ver? Isaías está falando exatamente desse tipo de vestimenta. As vestes de louvor não podiam ser qualquer roupa; precisavam ser exclusivas, feitas para aquela ocasião. Não podiam ser vestes já usadas. O sentimento que uma pessoa tem ao comprar uma roupa nova para um evento importante está ligado a essa ideia.

Talvez você esteja vivendo um tempo de dúvida e de perguntas não respondidas — um relacionamento que não deu certo, um casamento que acabou, uma empresa que faliu, uma amizade que se desfez ou um diagnóstico que recebeu. Se você se sente dilacerada, triste e amargurada, acredite no que o Senhor lhe diz: "O que você sente é real e legítimo, mas eu a ungi para caminhar na contramão da sua realidade!". Portanto, viva à altura daquilo que o Senhor deseja.

Você não está mais debaixo desse espírito angustiado. Confie que Deus já separou para você vestes de louvor. Ele quer

O **Senhor** deseja que você ande na **contramão** da sua **realidade.**

"

Viva

RAQUEL LIMA

vê-la celebrar, dançar e se alegrar na presença dele. Troque a vestimenta do luto pela roupa da adoração, crendo que o Pai já decretou sobre sua vida que é tempo de festa, gratidão e celebração!

Ei, ungida, você é forte!

O texto prossegue: "A fim de que se chamem árvores de justiça, plantação do Senhor, para que ele seja glorificado". Outras versões da Bíblia, como a ARA ou a NVI, usa nessa passagem a expressão "carvalhos de justiça", a partir do original em hebraico אֵלִים (*êlîm* ou *êlāh*), que pode significar uma árvore grande e forte, como o carvalho.

Você já viu aquelas imagens em livros escolares em que várias pessoas dão as mãos para conseguir abraçar o tronco de uma única árvore? Pois bem, o carvalho é uma árvore como essa. Sua madeira é tão preciosa e resistente que até mesmo um pequeno banco ou mesa dessa madeira custa muito caro. O mais interessante, porém, é que os botânicos e geólogos usam o carvalho para medir a intensidade das tempestades que se abatem sobre uma floresta, pois ele resiste!

Um dia, após um culto, uma geóloga me contou que, até hoje, alguns povos indígenas utilizam o carvalho para curar feridas. Quando alguém sofre um corte profundo, em vez de recorrer imediatamente a remédios modernos, extrai do tronco da árvore uma substância cicatrizante. Essa seiva tem o poder de fechar feridas de um dia para o outro.

Acredite: a cura de que você precisa, a resposta que procura, a solução que aguarda, tudo está nas mãos do Senhor, aquele que tem todo o poder sobre a sua vida! Foi por isso que Paulo declarou: "Quando estou fraco, então sou forte" (cf. 2Coríntios 12.10). Não é por nossa força, mas pelo poder de Deus que opera em nós.

Você consegue imaginar por que o carvalho é uma árvore tão celebrada? Ele é uma das poucas árvores que resistem às maiores tempestades. O tanto que crescem para cima, crescem também para baixo. Podem tentar derrubá-la, quebrar seus galhos ou levar suas folhas, mas ela permanece firme, plantada no mesmo lugar.

Você é salva por Cristo? Então saiba que está no seu DNA levantar-se e permanecer. É assim que iremos confundir o Inimigo. Entra ano, sai ano, chegam ventos, tempestades, mudanças de governo, leis novas, mas nós continuamos de pé. Minha amiga, você é um carvalho de justiça, plantação do Senhor, para o louvor da sua glória!

Diante de uma verdade tão poderosa, acredite que Deus está mudando a sua identidade. Você não será mais conhecida pelas dores que viveu, e sim pelas que venceu. Não será lembrada pelas decepções que enfrentou, e sim pela cura que o Senhor trouxe à sua vida. Não será identificada pelo seu passado de sofrimento, e sim pelo testemunho que Deus está gerando em sua história!

Nada do que vivemos é obra do acaso, pois Deus deseja glorificar o nome dele justamente nas situações difíceis que enfrentamos. Quando tudo passar, quando ele fizer restituição e mudar a sua história, alguém inevitavelmente perguntará: "Como isso foi possível?". Então, você abrirá a boca e responderá com convicção: "Fui ungida por Deus. A superação corre nas minhas veias, e está no meu DNA me levantar de novo!".

Talvez você já tenha ouvido essa pergunta: "Como você consegue suportar?". É possível que tenha procurado respondê-la, mas não tenha encontrado as palavras certas. A verdade é que a decisão de se levantar está dentro de você. Isso mesmo! Você nasceu com a capacidade de se reerguer, de se recuperar e de se superar. Descobri que as raízes do carvalho são tão grossas e fortes que drenam rapidamente a água ao redor. E, quanto mais água ele absorve, mais forte fica. Assim, o que para alguns é tempestade e sofrimento, para o carvalho é alimento.

É por isso que o Inimigo da sua alma fica revoltado. Ele olha para a tempestade que você está enfrentando e afirma: "Agora não vai mais adorar"; "Agora não vai mais sonhar"; "Duvido que se levante novamente". Mas, quando ele menos espera, você está de pé, cantando, sonhando e *vivendo* de novo. De repente, você se arruma, liga para sua amiga e diz: "Você vai para o culto hoje?", pois o poder para superar os obstáculos já está em você por meio do Espírito Santo de Deus.

O Diabo é o pai da mentira, e, se você imagina que não conseguirá vencer a luta que está enfrentando, tenha certeza: são pensamentos mentirosos que o Inimigo colocou em sua mente para tentar derrubá-la.

A verdade celestial é esta: Deus deseja que você viva à altura do DNA que carrega, para que caminhe exatamente como alguém que foi criada para vencer, resistir e se reinventar. Quanto maior a tempestade, mais forte você se torna. Quanto mais ataques, mais você se fortalece. Quanto mais perseguições, mais você cresce. Quanto maior a dor, maior é o seu testemunho!

Deus não quer vê-la sofrer. O anseio do coração do Pai é que você reconheça a força que ele colocou em seu interior para suportar cada estação que enfrentar. Não tenha dúvidas: você não foi apenas criada para resistir às tempestades, mas para superá-las e se reinventar, cada vez mais forte em Deus.

Ore comigo

Pai, obrigada porque a tua presença é uma certeza em nossa vida, assim como a tua unção! Tua Palavra nos ensina que não devemos nos prender às opiniões alheias, mas, sim, àquilo que tu declaraste a nosso respeito. Ajuda a tua filha a viver com essa convicção, sem medo ou dúvida, sabendo que foi ungida para cumprir o teu propósito. Que ela não se deixe abater pelas críticas nem pela rejeição, mas siga confiante, pois teu Espírito está sobre a vida dela e a fortalece para seguir adiante. Que ela reconheça que é exatamente quem a Bíblia declara: não uma mulher fraca, perdida, derrotada ou órfã, mas uma vencedora, filha amada, chamada para um propósito maior do que pode imaginar.

Pai, em nome de Jesus, que tua filha seja fiel ao teu chamado. Que ela possa proclamar as tuas Boas-Novas sem receio, testemunhando tua graça e teu poder em sua vida. Que a unção que ela recebeu não fique estagnada, mas seja usada para libertar os cativos, restaurar os quebrantados e levar esperança aos que sofrem. Dá à tua filha ousadia para falar de ti em qualquer lugar, sem esperar sinais extraordinários, pois ela já foi capacitada por ti para essa missão.

Senhor, tira de seu coração toda tristeza, desânimo e qualquer sentimento de derrota. Em vez de vestir a roupa da lamentação, que ela receba de ti a coroa da vitória. O Senhor não a criou para ser apenas criatura, mas para ser filha, refletindo tua glória e teu louvor em cada atitude. Que este seja o ano aceitável do Senhor em sua vida. Eu oro, pois assim creio, em nome de Jesus. Amém e graças a Deus.

Para refletir

1. Como você tem enxergado a si mesma? Conforme a voz de Deus ou conforme as mentiras do mundo?

2. Que parte de Isaías 61 mais fala à sua realidade hoje? Libertação, cura, consolo ou restauração? Por quê?

3. Você crê que Deus ainda pode transformar suas cinzas em beleza e o seu luto em festa? O que você precisa entregar hoje para que isso aconteça?

5 Viva a presença de Deus

"A esperança cristã é sólida, mesmo quando o mundo ao nosso redor se desfaz, porque ela se baseia em algo que o sofrimento não pode destruir: a presença fiel de Deus". — Tim Keller[1]

1. KELLER, Timothy. **Caminhando com Deus em meio à dor e ao sofrimento.** São Paulo: Edições Vida Nova, 2016.

Deus é o nosso refúgio e fortaleza, socorro bem-presente na angústia. Pelo que não temeremos, ainda que a terra se mude, e ainda que os montes se transportem para o meio dos mares. Ainda que as águas rujam e se perturbem, ainda que os montes se abalem pela sua braveza. Há um rio cujas correntes alegram a cidade de Deus, o santuário das moradas do Altíssimo. Deus está no meio dela; não será abalada; Deus a ajudará ao romper da manhã. As nações se embraveceram; os reinos se moveram; ele levantou a sua voz e a terra se derreteu. O Senhor dos Exércitos está conosco; o Deus de Jacó é o nosso refúgio. Vinde, contemplai as obras do Senhor; que desolações tem feito na terra! Ele faz cessar as guerras até ao fim da terra; quebra o arco e corta a lança; queima os carros no fogo. Aquietai-vos e sabei que eu sou Deus; serei exaltado entre as nações; serei exaltado sobre a terra. O Senhor dos Exércitos está conosco; o Deus de Jacó é o nosso refúgio.

Salmos 46.1-11

COMO FILHAS DE DEUS, precisamos reconhecer quem o Senhor é, mesmo quando ele não faz o que queremos na hora que desejamos. Muitas vezes, nós nos colocamos diante de Deus como se ele fosse nosso funcionário, alguém que deve agir conforme a nossa vontade e do nosso jeito. No entanto, não é assim que funciona. Em meio à dor mais profunda que já experimentei, ouvi uma frase que me sustentou na caminhada: Deus é bom, sabe o que faz e sempre tem razão.

Ele está no futuro, vê o que ainda não conseguimos enxergar, ouve o que ainda não ouvimos e conhece caminhos que nem sequer imaginamos trilhar. Justamente por isso, o Senhor permite que passemos por situações que, mesmo dolorosas, estão alinhadas com um propósito maior e eterno.

Nesse processo de dor, compreendi algo essencial: quando você realmente entende quem Deus é, as coisas começam a mudar — não necessariamente por fora, mas dentro de você. O Pai não é alguém que promete algo e depois avalia como cumprirá; também não é alguém que desiste no meio do caminho. Ele é Deus fiel, soberano e imutável.

Sempre me perguntava como tratar de coisas que eu nem sabia nomear. Como explicar a alguém algo que eu mesma não compreendia? Era uma dor sem nome; um sintoma impossível de descrever; uma angústia interna, profunda, da qual eu tinha medo até de falar. A ausência de um pai marca intensamente a trajetória de uma pessoa e, em meio aos tropeços, eu tentava lidar com a saudade que sentia e com o impacto que o luto havia causado.

Foi na presença de Deus, por meio da Palavra, que comecei a entender o que estava sentindo. Descobri que querer desistir todos os dias era mais comum do que imaginava, mas que abandonar tudo não era uma opção; há uma distância muito grande entre querer e fazer.

Obedecendo à direção de Deus, mesmo sem forças, comecei a me ver da maneira que ele me enxergava. Com a ajuda do Espírito Santo e de seus conselhos, retomei os estudos que eu havia abandonado em razão da minha tristeza profunda. Voltei a sonhar e a ter perspectiva. E conheci o tão sonhado amor da minha vida.

A chegada do Paulinho, meu marido, foi fundamental para essa retomada. Sem dúvida, ele foi o maior incentivador para que eu voltasse a sonhar e acreditar nas promessas de Deus. Por meio do meu casamento, entendi que o Senhor não apenas junta pessoas; ele une propósitos. Formamos uma linda família e fomos presenteados com três filhos: Ben, Maria e Ana. Com isso, a cada dia, crescia ainda mais em mim a convicção: "O Senhor é comigo, ele me ajudará e continuará a me sustentar todos os dias".

Em processo terapêutico, compreendi que o desafio que eu enfrentava era depressão. Por anos, ignorei minha tristeza e não a tratei como devia, o que me fez chegar àquele estado. Algo ainda faltava: voltar a viver plenamente, como Deus desejava que eu vivesse. Com o passar do tempo, o Espírito Santo me ensinou a encontrar em sua presença o refúgio de que minha alma tanto precisava.

A Bíblia nos apresenta o salmo 46, composto pelos filhos de Corá. Esse cântico não foi criado em um tempo tranquilo, de paz, descanso e bonança. Há estações em que tudo flui, em que o vento sopra a favor, as pendências foram resolvidas e parece até que os demônios deram trégua. O salmo 46 não foi escrito em um momento desses. Era uma época de guerras, ameaças, afrontas e dor. Você alguma vez passou por um tempo assim? Um tempo de lutas, buscas sem respostas e desafios por todos os lados? Eu vivi uma época em que tudo parecia estar travado.

Muitos historiadores relacionam o texto do salmo 46 ao reinado de Ezequias. Em 2Reis 18—19, lemos sobre o início do seu governo em Judá. Quando ele começa a reinar, sua primeira

Deus é bom,
sabe o que faz
e *sempre* tem
razão.

providência é derrubar os altares de Baal, destruir os ídolos dos deuses estranhos, acabar com os lugares altos, eliminar qualquer estátua ou outro objeto que remetesse à idolatria.

Ezequias estava trilhando o caminho certo, mas, ainda assim, durante o seu reinado, Senaqueribe, rei da Assíria, cercou Jerusalém com um grande exército. Em meio a um cenário de guerra e ameaça iminente, Ezequias recorreu a Deus e confiou inteiramente nele. Antes de seu governo, não houve rei como ele em Judá, e nem depois existiu alguém que se entregasse a Deus daquela maneira. Ezequias foi um rei extraordinário!

Sua fé nos ensina uma lição importante: o mundo só conhece Deus ao ver o que ele faz, mas, quem confia no Senhor e o conhece de fato, sabe quem ele é antes mesmo de ver o seu agir. Quando o salmista declara: "Deus é o nosso refúgio e fortaleza", a guerra ainda não tinha terminado, a afronta ainda não havia cessado, o problema não tinha sido resolvido. Havia opressão em todos os cantos!

Enquanto o mundo só reconhece Deus depois de ver o seu agir, quem tem intimidade com o Pai e confia nele sabe que o Senhor é refúgio e fortaleza, mesmo que as ameaças aumentem. Se a tempestade nos atinge, em vez de nos encolhermos no canto, precisamos levantar uma adoração e começar a declarar que Deus é refúgio, fortaleza e socorro bem-presente na angústia! Afinal, ele também está conosco no dia mau.

Talvez você tenha se relacionado com pessoas que lhe disseram: "Estamos juntos", mas não estavam disponíveis quando você mais precisou. O Pai não se comporta dessa forma. Eu não preciso ver Deus agir para saber quem ele é; não preciso ver suas mãos para reconhecer sua presença. Ele é a companhia que não se ausenta; todos podem nos abandonar, mas o Senhor permanece.

Pode ter certeza de que nos dias bons de sua vida, ele está com você e, nos dias maus, também permaneceu ao seu lado. Tudo dando certo? Ele está presente. Tudo dando errado? Ele continua lá! O Senhor não se manifesta apenas no culto de ações de graças, mas também no meio da guerra. Em vez de só aparecer na festa, o Pai está com você quando não há mais ninguém por perto.

Eu me lembro de quando tive minha caçula. Dez dias depois, fui parar na UTI por causa de uma pré-eclâmpsia. Deitada no leito do hospital, perguntei ao Senhor: "Meu Deus, o que estou fazendo aqui?". Orava continuamente e, quando abri a Bíblia no celular, li o salmo 46: "Deus é o nosso refúgio e fortaleza". As lágrimas escorriam pelo meu rosto, enquanto a presença de Deus invadia meu ser. Então, o Senhor falou comigo. Não usou profeta nem enviou um anjo; ele mesmo disse em meu coração: "Vou provar que estou contigo". Logo em seguida, uma enfermeira entrou no quarto.

Ela não acreditava em Jesus, mas, assim que chegou, disse: "Que sensação boa! Menina, estou arrepiada! Tem um negócio diferente aqui, você tem uma energia tão boa!". Eu sabia que não era uma energia, mas, sim, o Espírito Santo, que havia tomado conta do ambiente enquanto eu lia a Palavra. Não era coisa da minha cabeça; o Senhor verdadeiramente estava manifestando sua presença naquele lugar.

Meu marido, meus filhos, minha mãe, meus irmãos e amigos queridos não podiam estar comigo o tempo todo na UTI. Mas Deus estava lá; ele nunca falta. O Senhor é socorro bem-presente, companhia que não se ausenta, e tudo o que ele deseja é que simplesmente creiamos nisso. Mesmo no dia mau, ele está conosco!

Apenas um altar de verdade derruba um altar de mentira

A Bíblia diz que Ezequias derrubou os altares; ao fazê-lo, ele mandou um recado para o mundo espiritual: "Acabou a mentira, o engano, a sujeira e a idolatria. Aqui só tem um que governa, e o nome dele é Deus Todo-Poderoso". Sempre que você derrubar um altar de mentira e levantar o altar do único que deve ser adorado, tudo o que é falso será revelado. Acredite: o altar verdadeiro desmascara o altar de falsidades.

É por isso que, quando nos comprometemos com Deus, o que estava encoberto começa a aparecer. Se você tomar a decisão de se relacionar intimamente com o Pai, talvez perceba que certas amizades, lugares e hábitos já não fazem mais sentido para sua caminhada.

Experimente dizer a Jesus: "Passe minha vida em revista". Você se surpreenderá com as mudanças que acontecerão.

Coloque-se diante de Deus e diga com sinceridade: "Senhor, remove de mim tudo o que não te agrada". E esteja preparada, pois, quando olhar ao redor, talvez se surpreenda e se pergunte: "O que aconteceu?". Se abrirmos espaço para que o Espírito Santo atue em nossa vida, nada permanecerá do mesmo jeito.

Quando Ezequias começou a governar, ele disse: "Não tenho aliança com quem não adora o meu Deus. Não tenho pacto nem compromisso com quem não está debaixo da mesma visão. Acabou!". Experimente andar em retidão e você verá Deus trazer as mentiras à tona para que as pendências sejam resolvidas.

Quem confia integralmente no Senhor reconhece que não agimos com base na nossa força, nem no que ele irá fazer, mas em quem ele é. Ezequias confiou, mas não fez isso apenas com base nas suas opiniões pessoais. Em 2Reis 18.5-7a, lemos:

> No SENHOR, Deus de Israel, confiou, de maneira que, depois dele, não houve seu semelhante entre todos os reis de Judá, nem entre os que foram antes dele. Porque se chegou ao SENHOR; não se apartou de após ele e guardou os mandamentos que o SENHOR tinha dado a Moisés. Assim, foi o SENHOR com ele.

Repare que "foi o SENHOR com ele". Uma coisa é alguém dizer: "Eu ando com Deus". Outra, bem diferente, é uma pessoa declarar:

“”

Experimente andar em **retidão** e você verá **Deus** trazer as mentiras à tona para que as **pendências** sejam **resolvidas.** ☑

Viva

RAQUEL LIMA

"Deus anda comigo!". Quem confia integralmente no Senhor jamais caminhará sozinho.

Só a presença de Deus nos faz vencer

A Bíblia diz que Ezequias foi bem-sucedido em tudo, pois o Senhor estava com ele. No entanto, o sucesso foi acompanhado de lutas. Senaqueribe, o poderoso rei da Assíria, atacou Judá com um exército avassalador. Ele já havia conquistado várias nações e destruído cidades e, agora, queria tomar Jerusalém. Mas, Ezequias era temente a Deus e, mesmo diante da ameaça, permaneceu firme na fé.

Senaqueribe enviou Rabsaqué, seu comandante, para intimidar o povo e tentar fazer Ezequias desistir. Rabsaqué zombou do Senhor; disse que nenhum outro deus havia livrado as nações conquistadas pela Assíria e que o Deus de Israel também não poderia salvar Jerusalém. Senaqueribe mandou, ainda, uma carta afrontando o Senhor e dizendo que de nada adiantaria confiar em seu poder.

Sempre que confiamos em Deus, levantamos opositores. A carta de afronta que Ezequias recebeu foi, na verdade, uma resposta à sua decisão de agir de forma diferente dos reis que o antecederam. Ele escolheu não negociar sua santidade e sua vida com Deus.

Algumas pessoas querem a presença do Senhor, a unção, a glória divina, mas também querem levar a mesma vida, com as mesmas práticas e pecados de estimação. Para se justificarem, dizem: "Deus me entende". Sim, ele entende, mas não aceita essa negligência. Afinal, a Bíblia afirma: "Ninguém pode servir a dois senhores, porque ou há de odiar um e amar o outro ou se dedicará a um e desprezará o outro" (Mateus 6.24).

Ezequias recebeu a carta de afronta do rei da Assíria, a maior potência da época, porque não havia se dobrado aos seus deuses. O rei de Judá não aceitou negociações, pois entendia que só um deve ser adorado.

Minha amiga, mesmo que você perca seguidores e amigos, mesmo que você tenha que abandonar rodas de conversa, mesmo que quem frequentava sua casa nunca mais volte, levante um altar no seu coração e diga: "Aqui, só um será adorado!".

Senaqueribe dizia para todos ouvirem que o governo de Ezequias era tão frágil e seu exército, tão desestruturado, que o Deus em quem ele cria não poderia livrá-lo. Mexer com quem tem aliança com o Senhor é perigoso; falar contra seu caráter é algo ainda mais sério.

Diante de uma afronta grave como essa, Ezequias não foi tirar satisfação, não respondeu, nem chamou Senaqueribe para uma conversa. Em vez disso, entrou no templo para orar, pois há duas coisas que detêm a oposição: obediência e oração. Aquilo que não conseguimos solucionar, o altar resolve; o que não somos capazes de fazer, Deus pode. As áreas da nossa vida que estão fora do nosso controle estão debaixo da soberania do Senhor. Deixamos diante dele a afronta que sofremos e tudo aquilo que vem contra a palavra que ele disse a nosso respeito.

Ao ouvir aquela ameaça, Ezequias rasgou suas vestes e se cobriu com pano de saco, um gesto típico da cultura da época, a fim de evidenciar para todos a sua dor, angústia e aflição e a importância do momento que estava vivendo. Às vezes, não há palavra de um amigo ou abraço de quem amamos que substitua nosso momento com Deus. Não estou dizendo que você deve caminhar sozinha. Ter amigos é como remédio e caminhar com quem amamos é bálsamo para a alma. Nada disso, porém, substitui um joelho dobrado e o secreto com o Senhor.

Em seu clamor, Ezequias engrandece o nome de Deus e declara quem ele é. Mas, também faz um pedido: "Inclina, SENHOR, o teu ouvido, e ouve; abre, SENHOR, os teus olhos, e vê; e ouve as palavras de Senaqueribe, que enviou a este, para afrontar o Deus vivo" (2Reis 19.16). Repare que o rei não está apenas falando sobre si mesmo, mas sobre o caráter do Senhor.

Deus não se abala com o que dizem sobre nós, pois ele não se move por afrontas. O que realmente importa para o Senhor é a nossa atitude em meio à dor. Ele não responde à súplica de um escravo; responde ao clamor de um filho. Foi exatamente essa consciência que Ezequias teve ao apresentar sua causa diante de Deus. Era como se dissesse: "Eles estão falando de mim, mas é do teu nome e do teu caráter que duvidam". Assim como o rei de Judá, devemos sair da cadeira de vítima e declarar com fé e reverência: "Senhor, não é sobre mim. É sobre ti!".

Enquanto Senaquerib ameaça: "Vou destruí-los até não sobrar nada!", os filhos de Corá cantam: "Deus é o nosso refúgio e fortaleza, socorro bem-presente na angústia. Pelo que não temeremos, ainda que a terra se mude, e ainda que os montes se transportem para o meio dos mares. Ainda que as águas rujam e se perturbem, ainda que os montes se abalem pela sua braveza".

Ezequias orou, e Deus respondeu por meio do profeta Isaías (cf. 2Reis 19.20-34). Isso só aconteceu porque, em vez de assumir o papel de vítima, o rei decidiu adorar e orar. Talvez você esteja enfrentando uma situação complicada e angustiante, mas uma adoradora não é provada quando tudo vai bem. Na afronta, no dia mau, quando encontramos inúmeros motivos para jogar tudo para o alto, recebemos a oportunidade de ter o nosso caráter aperfeiçoado.

Somos chamadas a erguer uma adoração onde antes havia murmuração. No tempo em que Israel perambulou pelo deserto, Corá fez parte de um grupo que desafiou Moisés e Arão. Ele foi rebelde e questionou a autoridade espiritual estabelecida pelo Senhor. Como resultado dessa insubordinação, Deus abriu a terra, e ela engoliu os rebeldes (cf. Números 16.31-33).

E quem encontramos no livro de Salmos, adorando em vez de murmurar? Os descendentes de Corá. Precisamos reconhecer

DEUS DESEJA QUE
O NOME DELE SEJA
GLORIFICADO
POR MEIO DA SUA
HISTÓRIA.

que as bênçãos que Deus tem para nós não dependem de quem nos antecedeu. Não importa a situação da qual você veio, não importa a barriga da qual você nasceu, o lugar em que está inserida ou a família à qual pertence, decida adorar em todas as circunstâncias. A decisão é sua: você pode repetir os erros dos seus antepassados ou pode se tornar a mulher que está de acordo com os sonhos de Deus.

Os filhos de Corá cantam: "As nações se embraveceram; os reinos se moveram; ele levantou a sua voz e a terra se derreteu". E chamam o Pai de "Senhor dos Exércitos". Que exércitos são esses? Os exércitos do Céu! E o Deus que lidera os exércitos do Céu também governa os exércitos da Terra.

Os soldados assírios acamparam em volta de Jerusalém e sitiaram a cidade. Tudo fazia parte de uma estratégia de guerra. Mas, Deus respondeu ao clamor de Ezequias. Mais do que uma palavra, ele enviou um anjo, que passou sobre o acampamento do exército assírio e matou todos os seus soldados.

Diversas vezes na Palavra, vemos Deus enviar um anjo, e sempre que ele o faz não é para negociar, mas para resolver. O Senhor não mandou um anjo ao Egito para negociar com o faraó, mas, sim, para dar um basta na escravidão dos hebreus. Da mesma forma, quando o Senhor enviou um anjo ao templo para falar com Zacarias, não foi para dizer: "Vou descobrir uma forma de solucionar a esterilidade de Isabel", mas para anunciar que ela já estava curada e se tornaria mãe.

Ele enviou Gabriel à casa de Maria não para dizer: "Vou fazer", mas para declarar: "Está feito". Ele foi à caverna onde estava Elias não para dizer: "Vou pensar em um jeito de animar você", mas para anunciar: "Não obstante sua dor e seu medo, coma, beba e se levante, pois ainda tem um caminho!".

Deus vem sobre a sua vida não para amenizar sua angústia com um curativo momentâneo, mas para pôr fim à sua dor por inteiro. Creia que o anjo passará na sua casa, na sua empresa, na sua família, não para negociar com alguém, mas para resolver!

A Bíblia afirma que o choro pode durar uma noite (cf. Salmos 30.5). Já percebeu como tudo fica pior à noite? A dor que parece suportável durante o dia piora ao escurecer, quando as farmácias estão fechadas.

Contudo, se o choro dura uma noite, ao amanhecer, a presença de Deus traz alegria, resposta e vitória! Creia que você sairá ainda mais convicta do poder do Senhor depois da provação que está sofrendo. A escuridão não se estenderá para sempre. Amanhecerá para você. Portanto, não tenha medo!

Assim foi com Ezequias. Chegou a manhã e, com ela, notícias da vitória sobrenatural:

> Sucedeu, pois, que naquela mesma noite, saiu o anjo do SENHOR e feriu no arraial dos assírios a cento e oitenta e cinco mil deles; e, levantando-se pela manhã cedo,

> eis que todos eram corpos mortos. Então, Senaqueribe, rei da Assíria, partiu, e foi; e voltou e ficou em Nínive. E sucedeu que, estando ele prostrado na casa de Nisroque, seu deus, Adrameleque e Sarezer, seus filhos, o feriram à espada; porém eles escaparam para a terra de Ararate; e Esar-Hadom, seu filho, reinou em seu lugar (2Reis 19.35-37).

Que loucura! Quem poderia imaginar? Mas é isso que acontece quando Deus manifesta a sua presença: o incrível, o inimaginável, o humanamente impossível. Pois ele é Todo-Poderoso e, quando age, ninguém pode impedi-lo.

Se você acordar com más notícias, não se desespere, pois, logo após a sentença do Inimigo, o sobrenatural de Deus pode se manifestar. Talvez você esteja cansada de adversidades, mas creia que, assim como aconteceu com Ezequias, Deus pode surpreendê-la com uma resposta vinda do Alto.

Se o Senhor é presente na sua vida, uma nova mensagem será anunciada (quem sabe até pelo toque do celular): "A boa notícia do Céu chegou!". O Senhor dos Exércitos está conosco! Ele é quem nos dá vitória, não para a nossa glória, mas para o louvor de seu nome. Sim, minha amiga, Deus deseja que o nome dele seja glorificado por meio da sua história. Não tenha dúvida de que o seu testemunho ainda levantará muitas pessoas.

Ore comigo

Pai, em nome de Jesus, reconhecemos que o Senhor é o nosso refúgio e fortaleza. Por isso, nós nos achegamos a ti com plena confiança. Sabemos que és o Deus presente em todos os momentos, sejam de bonança, sejam de tribulação. Quando as águas ao nosso redor rugem e os montes parecem se abalar, lembramos que tu és a companhia que não se ausenta.

Oro para que o coração da tua filha permaneça firme, não com base no que ela vê, mas na certeza inabalável de quem tu és. Que ela aprenda a descansar na tua Palavra e permaneça na tua presença, sabendo que, mesmo em meio às tempestades, tu és a sua paz e segurança.

Pai, assim como Ezequias confiou em ti e derrubou os altares da idolatria, que ela também se posicione em fidelidade e compromisso contigo. Que tudo em sua vida que não te agrada seja removido, e que ela possa erguer um altar ao único e verdadeiro Deus. Que nada distraia a tua filha do caminho da verdade e que ela confie em ti, não pelo que fazes, mas por quem tu és. Que sua fé não dependa das circunstâncias, mas esteja firmada na tua Palavra e no teu caráter imutável.

Senhor, fortalece a tua filha para caminhar contigo todos os dias, com a certeza de que nunca está sozinha. Que ela experimente a tua presença em cada detalhe de sua jornada. Exaltamos o teu nome, pois és soberano sobre todas as coisas, e descansamos na promessa de que tu és o Deus que está conosco. Em nome de Jesus, amém e graças a Deus.

Para refletir

1. Você tem confiado em quem Deus é, mesmo quando ele não age como você espera?

2. Que "altares" precisam ser derrubados na sua vida para que Deus governe plenamente o seu coração?

3. Na hora da afronta, você tem escolhido orar e obedecer, ou se deixa levar pelo desespero e se esquece de buscar refúgio no Senhor?

6 Viva com fé inabalável em Deus

"A fé nunca sabe para onde está sendo conduzida, mas ama e conhece Aquele que conduz". — Oswald Chambers[1]

1. CHAMBERS, Oswald. **Faith: A Holy Walk.** Michigan: Discovery House, 2011.

E, partindo Jesus dali, foi para as partes de Tiro e de Sidom. E eis que uma mulher cananeia, que saíra daquelas cercanias, clamou, dizendo: Senhor, Filho de Davi, tem misericórdia de mim, que minha filha está miseravelmente endemoninhada. Mas ele não lhe respondeu palavra. E os seus discípulos, chegando ao pé dele, rogaram-lhe, dizendo: Despede-a, que vem gritando atrás de nós. E ele, respondendo, disse: Eu não fui enviado senão às ovelhas perdidas da casa de Israel. Então, chegou ela e adorou-o, dizendo: Senhor, socorre-me. Ele, porém, respondendo, disse: Não é bom pegar o pão dos filhos e deitá-lo aos cachorrinhos. E ela disse: Sim, Senhor, mas também os cachorrinhos comem das migalhas que caem da mesa dos seus senhores. Então, respondeu Jesus e disse-lhe: Ó mulher, grande é a tua fé. Seja isso feito para contigo, como tu desejas. E, desde aquela hora, a sua filha ficou sã.

Mateus 15.21-28

DESDE CRIANÇA, SEMPRE TIVE fé. Minha adolescência foi marcada pela convicção do poder de Deus e, na vida adulta, passei a entender de forma literal uma frase que o Espírito Santo me entregou: "Você vive de fé".

Apesar disso, com a morte do meu pai — por quem tanto orei, supliquei e pedi a Deus que ressuscitasse — algo dentro de mim desabou, como se a minha fé houvesse esmorecido. Continuei caminhando, mas sem propósito ou direção, e comecei a enfrentar diversos problemas. Vieram pânico, medo e guerras internas que ninguém imaginava. O peso que eu carregava era invisível aos olhos dos outros, mas insuportável dentro de mim.

Há quem pense que o deprimido é uma pessoa sempre melancólica, que vive deitada e sozinha, mas é possível sofrer depressão sem que ninguém ao seu redor perceba. Você pode trabalhar, viajar, cantar, sorrir, estar cercada de amigos e, ao mesmo tempo, sentir-se destruída por dentro.

A depressão me levou à tricotilomania, um transtorno em que a pessoa arranca os cabelos da cabeça e, às vezes, até as sobrancelhas. Na minha mente, como eu não conseguia tirar o foco da dor da alma, precisava sentir algum outro tipo de dor para extravasar toda aquela pressão interna. O Inimigo estava usando tudo o que eu vivi para tentar destruir o propósito que Deus tinha para mim.

Eu não dormia, arrancava os cabelos e era assolada por pensamentos de morte. Mas, apesar disso, havia uma certeza latente em minha alma, e o Espírito Santo fazia questão de me lembrar dela: Deus não tinha desistido de mim. Mesmo em meio à dor, eu continuava a pensar: "Ele ainda não acabou. O Senhor tem uma obra linda que deseja realizar por meio da minha vida". Para que aquela obra se concretizasse, porém, ele precisava do meu "sim", da minha decisão e do meu desejo de viver, com riqueza de detalhes, tudo o que o Pai declarava.

A Palavra de Deus foi o meu farol ao longo de toda a minha vida. Quando eu pensava que era o fim, o Senhor me trazia uma palavra de ânimo que restaurava minhas forças e me dava fôlego para continuar. Em uma dessas ocasiões, o Espírito Santo me lembrou da história de uma mulher de fé extraordinária.

Essa mulher tinha um problema espiritual dentro da sua casa e, quando foi a Jesus, contou tudo o que estava acontecendo, sem medo, sem ressalvas e, principalmente, sem mentiras. Sua história me ensinou que devo andar na verdade, falar a verdade e ser de verdade. Hoje, curada do luto e da angústia, eu dou a você este conselho e espero que o guarde com carinho em seu coração: ser verdadeira é o melhor presente que você pode dar a si mesma.

A mulher cananeia estava enfrentando um grande problema. A Bíblia relata que ela deixou sua filha em casa e foi em busca de Jesus. Naquele momento, o Mestre já estava exercendo seu ministério, pregando, curando e libertando. Por onde ele passava, aconteciam milagres, e não sabemos quantas pessoas foram tocadas, libertas e salvas pela palavra de sua boca. Cristo, vindo de outra região, passou pelos arredores de Tiro e Sidom, e a notícia chegou aos ouvidos daquela mulher.

Uma vez que era cananeia, não havia sido criada com o conhecimento do Deus de Abraão, Isaque e Jacó. Diferentemente dela, eu tive esse privilégio. Quando crianças, eu e meus irmãos vivíamos na igreja ou, se permanecíamos em casa, fingíamos que estávamos no culto.

Nessas brincadeiras, meu irmão Eliel era o pastor-presidente da igreja e meu irmão Gesiel, mais velho, era quem pregava no culto da noite. Ele usava os sapatos e o terno do meu pai e segurava uma pasta enorme. Minha irmã Miriam, por sua vez, era líder das "mulheres": três bonecas (risos). Uma delas era uma Barbie que só tinha uma perna (lembro que Miriam orava para que Deus fizesse um milagre e restaurasse a outra perna). Minha irmã Queila, que era líder dos jovens,

SER ***VERDADEIRA*** É O MELHOR PRESENTE QUE VOCÊ PODE DAR A SI MESMA.

conduzia as reuniões. E eu? Eu era como os visitantes: precisava aceitar Jesus em todos os cultos.

Lembro-me das experiências que tivemos com Deus ainda na infância e que marcaram a minha vida. Fomos batizados com o Espírito Santo ainda muito jovens. Eu chamava os vizinhos para participar das minhas escolas bíblicas dominicais, que acabavam se tornando cultos de libertação.

Ao ler esses relatos, talvez você esteja pensando: "Raquel, eu não conheci Jesus na minha infância. Não senti a presença de Deus como você diz ter sentido. Vivi no meio da idolatria, da mentira e da bebida". Eu a entendo, mas o fato de você não ter crescido aos pés de Jesus não impede que ele cresça dentro de você.

O texto diz que aquela mulher, nascida e criada longe dos ensinamentos de Deus, deixou a filha em casa e foi em busca de Jesus. Como alguém que precisa de um milagre urgente, ela não chegou com formalidade, dizendo: "Mestre, desculpe-me, poderia me ajudar?". Em vez disso, agiu com ousadia, com o pé na porta, e foi direta, pois sabia o que estava buscando.

Quem precisa silenciar os clamores da alma não se preocupa com os ouvidos dos críticos do lado de fora. Por isso, aquela mulher grita para que Jesus a ouça e para que ele realize um milagre. Suplica em alta voz: "Filho de Davi, tem misericórdia de mim, porque a minha filha está miseravelmente endemoninhada". Foi assim que eu também cheguei aos pés de Jesus: "Filho de Davi, tem misericórdia de mim, porque eu perdi uma das pessoas que eu mais amava". Do lado de fora, havia silêncio. Mas, do lado de dentro, a minha alma gritava.

A mulher cananeia, talvez cansada de caminhar em silêncio, precisou tomar uma providência: levantou-se exteriormente e, mais importante, interiormente, para que Jesus a atendesse e mudasse a realidade de toda a sua casa. Ela não se acanhou de se expor, não se importou com o que iriam comentar, se a chamariam de louca ou se falariam mal da sua atitude como mãe. Também não se preocupou se Jesus ficaria ofendido por ela quebrar uma lei da época. Sua única preocupação era ser atendida pelo Mestre. Para isso, ela não pouparia seus esforços, sua voz, sua força e muito menos sua fé.

Pelas normas daquela cultura, ela não podia estar no mesmo ambiente que Jesus, pois judeus e cananeus não andavam juntos, não compartilhavam refeições, não caminhavam na mesma direção, nem falavam a mesma língua. A mulher sabia disso, mas sua necessidade era maior. Ela olhou para a filha em casa e decidiu ir até Cristo, sem se importar com o que pensariam dela. Em seu coração, havia a clareza de que aquela oportunidade não poderia ser perdida.

Os discípulos, incomodados com a situação, disseram a Jesus: "Despede-a, que vem gritando atrás de nós". Observe quem reclamou que ela estava gritando. Não foi Jesus, mas, sim, os discípulos. Uma vez que Cristo não a impediu, ela não foi embora. Permaneceu ali, atrás do Senhor, pois quem conhece seu propósito e sabe o que veio fazer não se abate pelas opiniões alheias.

Certa vez, uma moça chegou para mim e disse:

— Vou sair da igreja porque fulano comentou que não vai com a minha cara.

Eu respondi:

— Fulano está certo. Cada um vai com a sua própria cara. Agora, se você veio por causa de Jesus, continue pelo mesmo motivo.

Diante das críticas, precisamos superar a tristeza, respirar fundo e seguir em frente, cientes de que o desprezo, a perseguição e a inveja não dizem respeito a nós, mas àqueles que desprezam, perseguem e invejam. Se fazemos algo por Jesus, devemos permanecer por ele. "Discípulos" não têm poder para tirá-la do lugar onde você está.

Uma mulher de fé não retém nada

A mulher cananeia gritava porque quem precisa de um milagre urgente não está nem aí para o que os outros pensam. Não deixe que ninguém molde a sua adoração, defina como você chegará aos pés de Jesus, como deve falar ou agir.

Um dia, cheguei a um culto em que a presença de Deus era tão palpável que eu gritava, pulava e chorava. No final, alguém me chamou de canto e disse:

— Você grita muito. Não precisa disso tudo, Deus não é surdo.

Respirei fundo e pedi sabedoria ao Espírito Santo, pois, como sou evangélica (risos), já estou acostumada com esse tipo de crítica. Então, respondi:

— Desculpe decepcionar você, mas continuarei a adorar dessa forma, mesmo que incomode. Quando a depressão tomou a minha mente e a minha alma, quando o transtorno de pânico tomou o meu corpo, não foi você que entrou no meu quarto, foi Jesus. Ele me disse: "Raquel, você viverá para contar o que fiz na sua vida".

Não permita que ninguém limite sua adoração, sua entrega, seu amor, sua renúncia, seu posicionamento, sua alegria e sua vontade de viver. Ninguém pode ditar como você tem que agir aos pés de Jesus. Eu sei de onde ele me tirou e do que ele me livrou. Por isso, chego aos pés do Senhor gritando, chorando e, acima de tudo, dizendo: "Eu sei o que ele fez por mim!".

A mulher cananeia entendeu que Jesus não era sua última opção, mas a *única* opção. Ela grita, e Jesus responde: "Eu não fui enviado senão às ovelhas perdidas da casa de Israel". Sua missão era, primeiramente, voltada para o povo judeu. Posteriormente, a Palavra diz que os apóstolos foram enviados para alcançar os gentios. Por isso, o que o Mestre está dizendo é: "Eu estou cumprindo um propósito, debaixo de um envio, vivendo a concretização de uma promessa. Só que, por enquanto,

“”

NINGUÉM PODE DITAR COMO VOCÊ TEM QUE *AGIR* AOS **PÉS DE JESUS.**

Viva

RAQUEL LIMA

estou atendendo e cuidando dos filhos. Ainda não chegou a sua vez".

Ainda assim, ela não vai embora. A cananeia sabe que Jesus não é um "gênio da lâmpada", que simplesmente atende desejos. Na verdade, ele atende quem tem todas as razões do mundo para desistir, mas, apesar disso, escolhe permanecer aos pés dele.

Então, ela se prostra e adora: "Senhor, socorre-me". A atitude da cananeia ao reconhecer Jesus como Senhor está de acordo com a Palavra. Ela está dizendo: "Até agora, Baal foi o dono da minha vida, casa, filha, família, mas, a partir de hoje, entrego o governo da minha vida nas tuas mãos. Tu és o dono de tudo, o Senhor da minha vida. Tu tens o domínio e o governo. Tu és o centro".

Às vezes, queremos ver o agir de Jesus em nossa vida, mas, ao mesmo tempo, dizemos: "Jesus, o Senhor pode governar, mas eu seguro as pontas". Minha amiga, se você quer que ele tenha o controle, não pode reter nada. Como dizia meu pai: "Entrega tudo!".

Ele a conhece

Diante da adoração e entrega da cananeia, o Mestre responde: "Não é bom pegar o pão dos filhos e deitá-lo aos cachorrinhos". Aqui, você poderia perguntar: "Raquel, Jesus está chamando essa mulher de cadela?". Jesus não usa esse termo para humilhar ou insultar a cananeia. É apenas uma referência à sua condição como gentia, alguém que ainda não fazia parte do povo de Deus. É como se estivesse dizendo: "Eu conheço a sua história, o seu passado. Eu a enxergo desde o ventre, desde a infância". Da mesma forma, ele conhece você. Podemos nos esconder do pastor da nossa igreja, do patrão, dos familiares, amigos e vizinhos. Mas de Deus ninguém se esconde.

É como se Jesus dissesse à mulher: "Não é bom pegar o milagre de quem é de direito e manifestá-lo na vida de quem irá desperdiçá-lo". Que tipo de pai compra dez pães, chega em casa e, em vez de colocá-los na mesa, joga-os no chão e chama os cachorros? Um cão não sabe discernir a qualidade de algo e não é capaz de mensurar seu valor. Por isso, Jesus levanta a questão: "Como posso oferecer algo tão extraordinário para quem não tem noção do que estou fazendo?". Ele queria que a mulher entendesse que a fé não é baseada no que vivemos, mas no poder de Jesus, capaz de transformar nossa realidade por inteiro.

Nossa fé não é relacionada à nossa capacidade, mas, sim, à certeza de que o Senhor é soberano sobre tudo. A fé é a ferramenta que nos auxilia no processo entre a promessa de Deus e seu cumprimento; entre a oração e o milagre; entre o pedido e a realização. Por meio dela, uma pessoa improvável e sem forças encontra ânimo para gritar e clamar, mesmo que a realidade à sua volta pareça contrária à palavra de Deus. Fé é o combustível que nos impulsiona para que permaneçamos aos pés de Jesus, acreditando que ele está no controle de todas as coisas.

Ao ouvir as palavras de Jesus, a cananeia reconhece: "Sim, Senhor, tens razão". Quantas vezes somos provadas e queremos tirar a razão que pertence a ele? A resposta da mulher revelou um coração humilde e disposto a ser transformado pelo agir de Jesus. Do mesmo modo, não podemos deixar que o orgulho fale mais alto em nossa mente. Ter fé e confiar no Senhor é abrir mão da sabedoria que pensamos ter e reconhecer que ele sempre tem razão.

A cananeia concorda com o Mestre, mas insiste: "Sim, Senhor, mas também os cachorrinhos comem das migalhas que caem da mesa dos seus senhores". O que ela está dizendo é: "Senhor, de fato, eu não mereço muito, mas reconheço o teu valor e creio tanto em quem tu dizes ser que não preciso de um pão inteiro e não quero que me proves mais nada. Tenho fé que basta apenas uma pequena migalha do teu poder para curar completamente a minha casa". Ela entendeu que apenas uma ação de Jesus, mesmo que minúscula, seria o suficiente.

Sua atitude me lembra de uma passagem que também está no Evangelho de Mateus, alguns capítulos antes deste. A Bíblia conta que um centurião tinha um servo muito doente, à beira da morte. Ao se encontrar com Jesus, o centurião pede: "Eu só preciso que o Senhor diga uma palavra. Assim como os meus empregados obedecem às minhas ordens, tenho certeza de que, se o Senhor ordenar, a doença do meu servo será imediatamente curada, pois a autoridade que está sobre ti é maior do que qualquer autoridade terrena" (cf. Mateus 8.5-10).

A atitude do centurião revela uma fé poderosa e deve nos inspirar a seguir seu exemplo. Quando a Palavra de Jesus é proclamada, ela ultrapassa as páginas deste livro, entra onde você não tem acesso, invade ambientes, liberta quem precisa de libertação, cura os necessitados e realiza milagres!

Uma fé que quebra sentenças

Da mesma forma, a cananeia demonstra grande fé ao pedir apenas uma migalha do poder de Jesus. Ela sabia que, de acordo com a lei judaica, não devia estar ali, conversando com um judeu, mas seu apelo não era para a lei dos homens. A cananeia apelou para a graça, pois a graça lhe dava acesso àquilo que a lei proibia.

Isso serve para nós hoje. Nunca permita que as leis da sua família ou do passado a impeçam de viver o que Deus tem para você. Algumas pessoas pensam que nunca serão felizes porque seus pais não foram, ou porque suas histórias envolvem muitas dores, traumas, frustrações e decepções.

Já ouvi uma irmã dizer: "Pastora, todos os homens da minha família morreram antes dos 35 anos. Eles se casaram, tiveram filhos e faleceram da mesma forma, em desastres". Naquele ano, o desespero dela era grande, pois um dos seus irmãos ia completar 35 anos, e ela temia que ele tivesse o mesmo destino.

A **fé** destrói
as **correntes** e **leis**
malignas e, por
intermédio
de ***Cristo***,
cria uma **ponte**
entre você e o
milagre que
está à sua
espera.

Viva

RAQUEL LIMA

Oramos juntas e declaramos que aquele padrão maligno seria quebrado em nome de Jesus. No ano seguinte, eu a encontrei novamente. Ela veio até mim com lágrimas nos olhos e disse: "Pastora, passou! Meu irmão está com 35 anos e está servindo a Jesus. Deus quebrou a sentença na minha família!".

Não há palavra de maldição ou obra do mal que nos impeça de viver a promessa de Deus, e a mulher cananeia entendeu isso. Diante de tamanha convicção, Jesus responde: "Ó mulher, grande é a tua fé".

A fé destrói as correntes e leis malignas e, por intermédio de Cristo, cria uma ponte entre você e o milagre que está à sua espera. Crer em Jesus foi o que me fez desistir de querer morrer todos os dias e, se o Senhor transformou a minha vida, ele pode realizar milagres ainda maiores em você.

Eu recorri à ajuda de psicólogos e profissionais, mas tenho certeza de que, se não fosse por Cristo, minha alma não teria sido completamente curada. Talvez você esteja em uma situação semelhante à que eu vivi, mas não tenha como pagar por um tratamento psicológico. Creia que o Senhor continua realizando milagres. Mais do que mudar diagnósticos físicos, ele tem poder para transformar diagnósticos da alma.

Sou a prova viva de que Jesus cura a depressão, a tricotilomania, as crises de ansiedade, o transtorno de pânico. E tenho certeza de que, se você verdadeiramente permitir, ele irá conduzi-la por uma jornada de fé, esperança e milagres.

A fé tem medida

Algo que amo na passagem da cananeia é que, no mesmo ambiente, Cristo trata do caráter dos discípulos e prova a fé da mulher. No capítulo anterior, vemos Pedro pedir ao Mestre: "Se é o Senhor, faça com que eu caminhe contigo sobre as águas". Muitos conhecem bem essa história. Pedro desce do barco, Jesus lhe diz: "Vem, Pedro", e ele começa a caminhar. Mas, ao observar a força do vento, o discípulo afunda. Quando analisamos as situações à nossa volta de acordo com a lógica humana, a nossa tendência também é afundar. Por isso, precisamos entender que o sobrenatural não se explica; ele se vive.

Como explicar o que Jesus tem feito na sua vida? Quantas vezes você já se perguntou como é possível estar viva? Mesmo após tantas lutas, obstáculos, abandono, cansaço, como você ainda está de pé? Toda vez que tentamos entender o sobrenatural, afundamos, porque a matemática divina não tem lógica.

Não estou dizendo que devemos ser impulsivas e irresponsáveis. Mas, quando se trata da nossa caminhada com Cristo, se começarmos a calcular, não viveremos por fé, pois o Evangelho é loucura para a razão humana. Diante disso, cabe a nós abandonar a sabedoria terrena e dar um passo ousado. Quem crê não fala que crê, mas demonstra isso na prática. Suas ações devem condizer com o que a sua boca afirma.

Temos o costume de dizer que Pedro andou sobre as águas, mas, na verdade, ele caminhou sobre a palavra do Mestre. Quando escolhemos acreditar naquilo que o Senhor diz, não andamos de acordo com a nossa realidade, e sim por meio da palavra que nos foi liberada. Apesar da iniciativa de Pedro, quando ele percebe a força do vento, sente-se inseguro e clama por socorro. Jesus o atende e diz: "Homem de pequena fé, por que duvidaste?" (cf. Mateus 14.22-31).

Perceba a diferença entre a resposta que ele dá para Pedro e para a mulher cananeia. Um caminhava com o Mestre há muito tempo e havia presenciado diversos milagres; a outra estava se encontrando com Cristo pela primeira vez e apenas o conhecia de ouvir falar.

O tamanho da sua fé não é relacionado ao seu tempo de igreja nem à sua frequência em cultos, reuniões e células. Fé tem a ver com o nível de intimidade que você decidiu ter com Jesus, através da Palavra e da oração. Crer é agir, caminhar, pensar, falar e se portar como uma mulher que não está preocupada com a intensidade do vento contrário, pois escolheu se agarrar à palavra que saiu da boca de Jesus a seu respeito. A nossa fé aumenta à medida que nos entregamos a Cristo e confiamos inteiramente no nosso Salvador.

O Senhor a convida a caminhar ao lado dele, confiando no ritmo e na medida de fé que ele deseja desenvolver em você. "Grande é a tua fé!"; foi o que aquela mulher ouviu. "Seja feito contigo como desejas". E o texto continua: "E, desde aquela hora, a sua filha ficou sã" (cf. Mateus 15.28).

No mesmo instante, a filha dela foi liberta. Eu creio que há momentos marcados por Deus e imagino que exista um relógio no Céu que não se submete ao nosso cronograma. Embora o tempo divino não seja como o nosso, move-se com precisão; aliás, o mundo espiritual está em movimento agora mesmo. Existem maravilhas que Deus realiza ao longo dos anos, em meses ou depois de alguns dias. Porém, há milagres que acontecem no instante da fé.

Eu não sei qual é a urgência do seu milagre, mas conheço o nome daquele que pode e quer atendê-la exatamente agora: Jesus. Se nós buscarmos sua presença, pessoas sairão da UTI; pactos serão quebrados; obras do mal serão desfeitas; filhos serão libertos da prostituição, do vício, do jogo e da mentira; casais que estavam decididos a se separar serão restaurados. O mundo espiritual se move em favor daqueles que depositam sua fé em Jesus.

O Evangelho de Marcos diz que a cananeia foi para casa e encontrou a menina deitada sobre a cama, já sem o demônio. Eu imagino que, no caminho de volta, ela tenha pensado: "Se Jesus falou, está feito. Está resolvido, e eu não preciso ouvir duas vezes!". Isso é fé!

Minha amiga, tenho convicção de que você não está lendo estas páginas por acaso. Talvez se sinta presa pelos traumas que viveu e se enxergue como uma mulher incapaz, sem ânimo

“”

SE ***JESUS*** FALOU,
ESTÁ ***FEITO.***
ESTÁ ***RESOLVIDO,***
E EU NÃO ***PRECISO***
OUVIR DUAS
VEZES!

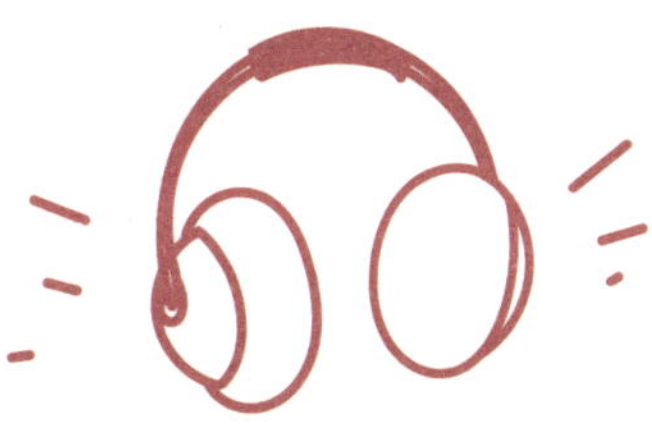

e cansada. Pode até ser que você pense que o seu caso não tem solução, mas basta uma porção ousada de fé para que Cristo transforme a sua vida profundamente e sare a sua dor de uma vez por todas. Não meça esforços, corra até ele, chame pelo nome dele, dobre os joelhos, clame e grite se for necessário. O milagre acontece na vida daqueles que perseveram com fé.

Ore comigo

Pai, em nome de Jesus, eu me uno à tua filha que ora comigo agora, porque creio no poder da oração. Eu acredito, Senhor, que, enquanto escrevo estas palavras, o Senhor está com ela. Não sei onde ela se encontra, mas sei que a tua presença, que está comigo aqui, ultrapassa estas páginas e alcança seu coração.

Começa agora, Senhor, a cancelar decretos no mundo espiritual, a curar dores profundas na alma e a tocar enfermidades físicas que nenhum remédio conseguiu aliviar. Existem situações em nossa vida tão desafiadoras que pensamos: "Só Jesus pode me ajudar!". Por isso, clamamos a ti, que verdadeiramente és capaz de pôr fim à nossa angústia.

Minha intercessão, unida à tua filha, é para que ela se permita viver uma fé digna de ser chamada grande. Que os ventos contrários, as palavras negativas e os obstáculos não sejam suficientes para impedi-la de experimentar a tua vontade boa, perfeita e agradável.

Assim como a mulher cananeia que, mesmo diante da rejeição, não desistiu, mas persistiu em fé, ensina tua filha a confiar plenamente em ti. Dá-lhe um coração que não se intimida com as circunstâncias nem se abate com palavras contrárias, mas que se lança aos teus pés em súplica e adoração.

Que ela deixe o controle nas tuas mãos e confie que até as migalhas que caem da tua mesa são mais do que suficientes para transformar totalmente até os obstáculos mais gigantescos. Em nome do teu Filho amado Jesus Cristo, amém e graças a Deus.

Para refletir

1. Qual é a sua reação quando você é criticada?

2. A forma que você age no seu dia a dia reflete uma fé ousada ou revela incredulidade disfarçada?

3. Há algo em sua vida que ainda não foi completamente entregue a Jesus?

4. Quando Deus parece estar em silêncio, você se afasta ou se aproxima ainda mais dele, como fez a mulher cananeia?

7 Viva!

"Nenhuma ferida é tão profunda que o amor de Deus não possa alcançar e curar". — Henri Nouwen[1]

1. NOUWEN, Henri. **Life of the Beloved: Spiritual Living in a Secular World.** New York: Crossroad, 1992.

E, passando Jesus outra vez num barco para o outro lado, ajuntou-se a ele uma grande multidão; e ele estava junto do mar. E eis que chegou um dos principais da sinagoga, por nome Jairo, e, vendo-o, prostrou-se aos seus pés e rogava-lhe muito, dizendo: Minha filha está moribunda; rogo-te que venhas e lhe imponhas as mãos para que sare e viva. E foi com ele, e seguia-o uma grande multidão, que o apertava. E certa mulher, que havia doze anos tinha um fluxo de sangue, e que havia padecido muito com muitos médicos, e despendido tudo quanto tinha, nada lhe aproveitando isso, antes indo a pior, ouvindo falar de Jesus, veio por detrás, entre a multidão, e tocou na sua vestimenta. Porque dizia: Se tão somente tocar nas suas vestes, sararei. E logo se lhe secou a fonte do seu sangue, e sentiu no seu corpo estar já curada daquele mal. E logo Jesus, conhecendo que a virtude de si mesmo saíra, voltou-se para a multidão e disse: Quem tocou nas minhas vestes? E disseram-lhe os seus discípulos: Vês que a multidão te aperta, e dizes: Quem me tocou? E ele olhava em redor, para ver a que isso fizera. Então, a mulher, que sabia o que lhe tinha acontecido, temendo e tremendo, aproximou-se, e prostrou-se diante dele, e disse-lhe toda a verdade. E ele lhe disse: Filha, a tua fé te salvou; vai em paz e sê curada deste teu mal.

Marcos 5.21-34

MARCOS 5 NARRA UM momento singular na jornada de Jesus. Enquanto ele caminhava em direção à casa de Jairo, líder da sinagoga, surge uma mulher, identificada apenas como "certa mulher". Devemos prestar muita atenção na forma que ela é descrita nessa passagem, pois revela algo poderoso: Para Jesus, não importa a sua origem ou o nome que você recebeu; o que importa é a sua disposição de reagir.

Quando nos encontramos com Jesus, ele não está interessado em nossa reputação, se somos pessoas respeitadas, famosas, bem faladas; se temos dinheiro, relevância na sociedade ou se carregamos títulos importantes. Ao nos ver, ele não pergunta: "Qual é a sua profissão?"; "O que você faz da vida?"; "Onde está o seu currículo?"; "Qual é o nome dos seus pais?"; "Em que família você nasceu?". O que verdadeiramente interessa para o Senhor é a intenção do nosso coração diante dele e o quanto estamos dispostas a entregar tudo para recebê-lo.

Assuma a responsabilidade

Essa mulher, que há doze anos sofria de uma hemorragia, representa muitas de nós. Ela já havia tentado de tudo, gastado todos os seus recursos com médicos, sem obter melhora. Enquanto existiam soluções naturais, ela as utilizou, mas nada resolveu o seu problema. Você já se comportou dessa maneira? Infelizmente, a verdade é que, enquanto contamos com recursos terrenos, raramente recorremos à ajuda dos Céus.

Isso aconteceu na história de Abraão. Ele e Sara carregavam uma promessa, mas decidiram pegar um atalho e tentaram usar os recursos que tinham para dar continuidade à sua descendência. Sara olhou ao redor e, cheia de incredulidade, concluiu que não restava solução além de sua serva. "Sou velha, estéril e o tempo está passando, preciso dar o meu jeito!", pensou. Assim nasceu Ismael, mas a promessa não estava sobre ele (cf. Gênesis 16).

Quando você permanece focada apenas nos recursos que tem em mãos, esquece a provisão sobrenatural que só vem de Deus. Assim como Ismael foi o recurso humano de Abraão antes de a promessa de Isaque se cumprir, muitas vezes nós nos apoiamos em estratégias humanas antes de o recurso do Céu se manifestar.

A boa notícia é que não precisamos esperar doze anos, como a mulher do fluxo de sangue, para recebermos o milagre que tanto buscamos. Às vezes, nós nos arrastamos por muito tempo até tomarmos a decisão que mudou a vida daquela mulher: tocar Jesus. Por que demoramos tanto para agir? Quantas vezes nossa alma sangra por anos, carregando dores e frustrações, enquanto aquele que tem poder para estancar o fluxo está bem diante de nós?

Eu mesma me comportei dessa forma. Ao longo destas páginas, compartilhei como a morte do meu pai impactou toda a minha vida. Foram anos de tristeza, enquanto eu tentava me agarrar às palavras de ânimo que o Senhor declarava sobre mim. Sim, o Pai é bondoso e abundante em misericórdia e nos levanta quantas vezes for preciso. Mas entenda o seguinte: existe o dia do basta. Você pode escolher passar o resto da sua vida sofrendo, tropeçando ao longo do caminho, caindo várias vezes no vitimismo e se afogando na dor; ou pode decidir se levantar de uma vez por todas e dizer: "Basta! Daqui para frente, eu vou me posicionar de forma diferente, pois sei o que Deus disse a meu respeito!".

Após viver sucessivos lutos, incluindo a perda do meu pai, eu adoeci e me senti totalmente sozinha e órfã. Pouco a pouco, a menina antes tão alegre, animada e amável começou a sangrar internamente. Só não desisti porque sabia que a minha vida tinha um dono. Por isso, com a força do Espírito Santo, um dia decidi reagir e disse a mim mesma: "Se eu me levantar, o Senhor vai estancar essa hemorragia!". E assim aconteceu. Finalmente, escolhi assumir responsabilidade pelo meu processo de cura.

Jesus

“”

TALVEZ A ORIGEM DA ***DOR*** NÃO SEJA CULPA SUA, MAS, ***MUITAS VEZES***, A ***PERMANÊNCIA*** ***DELA É.***

No capítulo 5 do Evangelho de João, encontramos a história do paralítico que, por 38 anos, esperou que alguém o ajudasse a resolver sua situação. Quando Cristo pergunta: "Você quer ser curado?"; ele responde: "Senhor, não tenho homem algum que, quando a água é agitada, me coloque no tanque". Cristo não quer ouvir a fofoca sobre a vida alheia nem quer saber o que acontece ou deixa de acontecer no tanque. Ele deseja que demonstremos fé para que sua cura se manifeste. No entanto, o paralítico não tomou para si a responsabilidade de sua doença; em vez disso, encontrou uma forma de culpar os outros.

Imagine viver como ele e passar anos estagnada, acomodada com sua condição, sem forças para tomar uma iniciativa. A mulher com o fluxo de sangue poderia ter escolhido fazer o mesmo, mas decidiu ir até Jesus. O paralítico culpava outros pela sua condição, mas ela assumiu responsabilidade e afirmou: "Seu *eu* tocar em suas vestes, serei curada". Essa mulher nos ensina que a culpa do sangramento pode não ser nossa, mas nós determinamos a duração dessa hemorragia. Isso significa que talvez a origem da dor não seja culpa sua, mas, muitas vezes, a permanência dela é.

Propague o nome de Jesus

A mulher com o fluxo de sangue só assumiu responsabilidade por sua cura porque deu ouvidos a quem lhe falou de Jesus.

Ela acreditou antes mesmo de o milagre acontecer. Ao ouvir sobre as maravilhas que o Messias realizava, seu coração se encheu de esperança de tal forma que ela saiu de casa movida pela fé, decidida a encontrá-lo para receber a cura de que precisava há tanto tempo. Entenda: a convicção daquela mulher a levou até Jesus, mas, antes mesmo de encontrá-lo, sua cura já era uma realidade.

Minha amiga, seja uma porta-voz! Fale àqueles que ainda estão sangrando que o seu Jesus continua estancando hemorragias. Ele ainda encerra ciclos de enfermidade, frustração, orfandade, abuso sexual, violência, fome, vitimismo. Não importa a origem do sangramento que você ainda carrega. Eu creio que Jesus colocou este livro em suas mãos para que você compreenda que ele está encerrando seu ciclo de dor. Você não sofrerá por essa causa nunca mais. Isso mesmo, você não leu errado: nunca mais!

O que Cristo fez em minha vida foi tão profundo e transformador que eu não poderia guardar apenas para mim. E o mesmo Deus que me curou e me restaurou por inteiro quer operar na vida de todos os que decidem não fazer dele a última opção, mas a única.

Na minha própria história, a mudança só aconteceu quando decidi ir até ele, mesmo sem forças e com a alma ferida. Tudo muda quando paramos de transferir para outros a responsabilidade pelo milagre que desejamos viver. Enquanto culpei outros, minha vida apenas retrocedeu. Porém, quando decidi reagir e me posicionar, o Céu se moveu a meu favor. Era um dia como qualquer outro, talvez como este que você está vivendo agora, mas foi em um dia comum que Deus realizou em minha vida um milagre incomum.

Há exatos dois anos, lembro que o Senhor voltou a me confrontar com amor e clareza. Ele me sacudiu interiormente e disse: "Raquel, até quando você vai apenas sobreviver? Até quando vai se comportar como se não fosse escolhida? Até quando vai viver como se desconhecesse as promessas que eu mesmo lhe fiz? Até quando vai insistir em se alimentar das dores que não tratou e das feridas que não permitiu que eu curasse?".

Deus usou a vida de uma grande amiga, a doutora Lívia Guedes, que me disse algo que jamais esquecerei: "Você vai mesmo interromper uma história linda pela metade? Vai mesmo deixar para trás a família que Deus lhe deu e tudo aquilo que ele confiou a você? Vai mesmo repetir a história do seu pai?". Meu pai morreu antes do tempo por não cuidar de sua saúde. O mesmo aconteceu com os meus avós paternos. Sem perceber, eu estava reproduzindo esse ciclo quando deixei de cuidar do meu corpo e de dar atenção à minha saúde emocional.

Foi nessa ocasião que tomei uma decisão categórica: "Parou em mim. Eu desisti de querer morrer!". Sim, eu decidi viver, pois sobreviver cansa. Viver no limite desgasta. Transferir responsabilidade aprisiona. Desde então, todos os dias, eu escolho novamente viver. Não mais pela metade, não mais como sobrevivente, mas como alguém que encontrou no toque de Jesus, definitivamente, a cura, a restauração e um novo começo.

Nunca sabemos o quanto nossas palavras podem ativar a fé de quem está sangrando. Eu decidi dar ouvidos ao que minha amiga, tão usada pelo Espírito de Deus, declarou sobre mim naquele dia. Por isso, precisamos acreditar naquilo que dizem sobre Jesus: o sobrenatural, os milagres, a libertação, a cura; tudo isso é real e está disponível a todo aquele que crê! Hoje, eu sou a amiga que, por meio destas palavras, sacode você e diz: "Até quando você continuará presa a esses ciclos? Ainda não entendeu que o Senhor pode quebrar esse padrão na sua vida e fazer algo novo na sua história? Então, vamos! Corra para Jesus, pois só ele pode estancar essa dor!".

Chega de mentiras

Quando a mulher coloca a mão na veste de Jesus, a Bíblia diz que ele pergunta: "Quem me tocou?". Você imagina que ele, sendo Deus, não sabia quem o havia tocado? Claro que sabia! Mas desejava ouvir a verdade.

As histórias da mulher cananeia e da mulher com o fluxo de sangue têm algo em comum: ambas estavam limitadas pela lei judaica. A hemorragia era considerada sinal de impureza, e isso significava que a mulher não podia estar ali no meio da multidão e, muito menos, podia tocar em alguém.

“”

Quem deseja *encerrar* um ciclo não pode ter ***medo de anunciar*** a **verdade.**

Quando Jesus faz essa pergunta, quer ensinar à mulher que ele não seca um fluxo e deixa algo mal resolvido; ele traz a cura e conserta todo o resto. A mulher poderia ter recebido a bênção e voltado para casa da mesma forma que chegou: escondida. No entanto, quando Jesus encerra um ciclo, ele também derruba todas as pontes que ligavam alguém ao seu passado. O Senhor resolve todas as pendências!

Guarde isso em seu coração: Jesus não veio para colocar ordem em apenas uma parte da sua vida. Além de estancar a hemorragia, ele trata daquilo que está mal resolvido. Quantas pessoas são curadas fisicamente, mas continuam presas a hábitos antigos, continuam mentindo, omitindo e vivendo com disfarces? Aquela mulher agiu de forma diferente. Ela não negou o poder que havia recebido, pois quem deseja encerrar um ciclo não pode ter medo de anunciar a verdade.

A prova de sua transformação não foi apenas o fato de ela escolher ser curada, mas a coragem de não esconder a verdade. A Bíblia diz que ela contou tudo, e não "meias-verdades", pois elas são a estratégia que Satanás usa para camuflar a mentira. Meias-verdades são armadilhas que nos mantêm presas; por isso, diante de Cristo, precisamos ser completamente sinceras e vulneráveis.

Decida entregar a Jesus toda a verdade, sem filtros, sem máscaras, sem poses, sem justificativas. Fale tudo e liberte-se de todo o mal, pois a libertação não está ligada ao milagre que desejamos, mas à verdade que estamos dispostas a viver. Quem deseja romper com o passado não pode temer a verdade.

Eu comecei a avançar quando decidi parar de representar um personagem, quando entreguei a Jesus minhas dores mais profundas, contei tudo e me permiti ser curada. Minha história só foi efetivamente transformada no dia em que coloquei aos pés do Senhor as questões que me faziam sangrar, mesmo não sabendo o quanto isso me custaria. A partir de então, tudo mudou.

A obra de Jesus é completa

Por meio da história da mulher com o fluxo de sangue, entendemos que a fé que cura também é a fé que salva. Mais do que estancar a hemorragia, Jesus restaurou a identidade; de "certa mulher", ela passa a ser chamada de "filha".

Quando a mulher chegou ao Mestre, ele não perdeu a oportunidade de também salvá-la. O mesmo pode acontecer em sua vida; se você decidir ir ao encontro de Cristo, tenha a certeza de que ele não fará nada pela metade. A mesma fé que levou aquela mulher a buscá-lo para ser curada também a restaurou e a salvou por inteiro. Era como se Jesus estivesse dizendo: "Você veio até mim por um motivo específico, mas, uma vez que está aqui, vou aproveitar para resolver todo o restante".

Eu declaro, em nome de Jesus, que sobre a sua história não haverá pendências ou vergonha. Jesus está cuidando de tudo e não fará nada pela metade. Esteja convicta de que, se você permitir, Deus irá curar, salvar e restaurar integralmente todas as áreas da sua vida.

Lembro-me de um momento específico, numa crise de ansiedade, em que gritei: "Se eu tivesse um pai, isso não estaria assim!". Durante o meu processo de luto, cheguei a sentir raiva e inveja de quem tinha um pai para conversar, mandar mensagem, e de quem pudesse receber cuidado e direção. Naquele dia de crise, porém, ouvi em meu coração a voz de Deus dizendo: "Filha, eu sou seu Pai". Desde então, todas as vezes que me sinto ansiosa, corro para os pés de Jesus. Somente ali encontro paz, a mesma que Jesus declarou àquela mulher: "Vá em paz. Seu sofrimento acabou".

É isso que acontece quando nos relacionamos com Cristo. Talvez você tenha experimentado uma situação parecida. Em um dia de cansaço, tristeza e angústia, entrou no quarto, derramou-se aos pés de Jesus e, sobrenaturalmente, seu coração se encheu da paz que excede todo o entendimento.

É sempre assim. Chegamos à presença de Deus aflitas, ansiosas, arrasadas, em depressão, e voltamos leves. Ele nos garante paz para viver, dormir, sonhar, amar, perdoar, sorrir e até mesmo para chorar, com a certeza de que o consolo do Espírito Santo continuará a satisfazer todos os anseios da nossa alma. É essa paz que ele deseja derramar diariamente sobre você.

Estamos chegando às últimas páginas deste livro e, ao terminar a leitura, o desejo do meu coração é que você receba a paz que só aquele que tem o poder de estancar a hemorragia da sua alma pode lhe dar.

A mulher com o fluxo de sangue chegou até Cristo aflita, desesperada e esgotada. No entanto, saiu em paz e foi curada do seu mal. Doze anos de sofrimento foram encerrados com um toque de fé. Essa é a mensagem que ecoa neste texto: você não precisa mais sangrar, pois o único sangue que precisou ser derramado foi o sangue de Cristo, que tem poder de fazer tudo novo.

Os males são nossos, mas o poder para resolvê-los vem de Deus. Ainda assim, precisamos mudar nossa atitude. Não é uma questão de culpa, mas de responsabilidade. Você é a única responsável por tomar a decisão que transformará inteiramente a sua realidade.

Todas as vezes que encontro um desafio, não fujo mais, nem me escondo; eu o enfrento. Seja para matar uma barata, tirar a carteira de motorista, viajar de avião ou aceitar uma oportunidade para algo que nunca experimentei. Não importa o lugar ou a situação, eu afirmo com convicção: se eu me posicionar, eu consigo, porque é Deus quem atua através de mim. Aquela menina triste, depressiva, ansiosa, doente e resmungona se transformou em uma mulher forte, alegre, vibrante, grata e ousada!

“”

NÃO HÁ NADA EM VOCÊ QUE JESUS NÃO POSSA RESOLVER.

Viva

RAQUEL LIMA

Essa mesma força está disponível para você. Chegou ao seu limite? Então decida hoje ir ao encontro de Jesus. Bata no peito e declare com fé: "Se eu mudar minha atitude, minha vida nunca mais será a mesma". Assuma a responsabilidade pela transformação que deseja viver, crendo que Jesus está pronto para curar, salvar e restaurar. Pela fé, sua história pode ser totalmente reescrita.

Enquanto escrevo estas palavras, esforço-me ao máximo para considerar a realidade de quem irá lê-las. No entanto, minha imaginação tem limites. Não sei quais foram os males que você carregou até aqui.

Apesar de não conhecer a sua história, sei que você está lendo estas páginas por um motivo e acredito que o Senhor tem um propósito específico a cumprir em sua vida. O sangue que saía do corpo daquela mulher a consumia, tirava a sua força e a estava conduzindo ao abismo; em contrapartida, quero lembrar você de que o sangue que Jesus derramou é o que traz vida, inaugura uma nova história e encerra ciclos!

Pelo poder do sangue de Jesus, creia que tudo aquilo que tem paralisado sua caminhada, sufocado sua esperança e mantido você à beira do abismo cairá por terra. Não importa a origem, nem há quanto tempo esse mal está alojado em seu interior, pelo poder do sangue de Jesus, ele terá de sair!

Minha amiga, saiba que não há nada em você que Jesus não possa resolver. Talvez a frustração de tanto tentar e não conseguir a tenha levado a se acostumar com essa vida marcada por enfermidades, traumas ou ciclos repetitivos. Mas, o mesmo Deus que me autorizou a escrever estas palavras e que me resgatou das minhas próprias aflições, tem poder para impulsioná-la.

O Senhor é especialista em transformar dias comuns em cenários de milagres. Deus ainda estanca hemorragias, encerra ciclos e restaura identidades. Aquele que é especialista em transformar o nada em tudo caminha ao seu lado. Você crê? Então, levante-se e decida experimentar tudo o que o Pai reserva para você. Em vez de apenas sobreviver, o conselho do Pai para você é: *viva*!

Ore comigo

Pai, em nome de Jesus, eu te agradeço porque o teu olhar atravessa a multidão e encontra os corações feridos, esquecidos e cansados. Obrigada porque, mesmo quando tudo na minha vida parecia sangrar e ninguém mais acreditava em mim, tu estavas ali, esperando por um toque de fé. Tu não ignoras a dor escondida, nem rejeitas o clamor desesperado, mas respondes com amor, cura e salvação.

Que, hoje, a tua filha se levante em fé, como aquela mulher, rompendo as barreiras que tentam impedi-la de te tocar. Que ela creia que um toque em ti é suficiente para transformar sua história. Cura, Senhor, as áreas ocultas da sua alma, estanca os fluxos da vergonha, da rejeição, da dor antiga, e faz brotar nela uma nova identidade, de filha amada, restaurada e resgatada pelo teu poder!

Que ela receba a ousadia de não mais se esconder, caminhando de cabeça erguida e sabendo que foi tocada pelo teu amor, resgatada pelo teu perdão e salva pela tua graça. Que a sua fé seja viva, perseverante e escandalosa para o inferno! E que, onde quer que vá, ela leve o testemunho de que o teu toque muda tudo. Em nome do teu Filho amado Jesus Cristo, amém e graças a Deus.

Para refletir

1. O que tem impedido você de correr até Jesus com fé e sinceridade?

   ....

   ....

   ....

   ....

2. Você tem vivido apenas em busca de alívio para a sua dor ou está decidida a ser totalmente restaurada por Cristo?

   ....

   ....

   ....

   ....

3. Você está pronta para se levantar, assumir responsabilidade e contar toda a verdade para Jesus?

   ....

   ....

   ....

Conclusão

AO CHEGARMOS AO FINAL desta jornada, desejo que cada palavra tenha sido como uma semente plantada em solo fértil, pronta para frutificar em sua vida. Lembre-se de que as promessas de Deus não são meras palavras, mas, sim, garantias divinas que se cumprem no tempo certo. Se ele prometeu, ele cumprirá! Mesmo quando tudo parece contrário, mesmo quando os ventos sopram forte, sua Palavra permanece intacta, firme e inabalável.

A caminhada de fé é repleta de desafios, mas é em meio a eles que o Senhor molda o nosso caráter e nos fortalece. Cada obstáculo superado é um testemunho vivo do poder transformador de Deus em nós. Ele nos convida a confiar, perseverar e crer que nada pode frustrar os seus surpreendentes planos para nossa vida. Amiga, pode ser que você esteja atravessando um deserto agora, mas deserto não é lugar de permanência, é lugar de passagem. O Senhor já preparou a terra prometida para aqueles que não desistem de crer.

O novo de Deus nos espera! O Senhor nos chama para águas mais profundas e para experiências que vão além do que podemos imaginar. Ele diz: "Chega de permanecer no raso". Para vivermos o novo, temos que deixar para trás o passado e avançar com fé e coragem para o futuro que, em Deus, está intacto. Ele não quer que você apenas sobreviva, quer que você viva em plenitude, desfrutando de tudo o que ele já preparou. Creia que há um novo tempo reservado para sua vida, e esse tempo começa quando você decide confiar inteiramente no Senhor.

Viva na esperança que não decepciona, na unção que capacita, na presença que consola e na proteção que guarda. As promessas do Senhor são fiéis e verdadeiras; agarre-se a elas com todas as suas forças. Ainda que os gigantes se levantem, ainda que as muralhas pareçam intransponíveis, aquele que prometeu é poderoso para cumprir!

Minha oração é que este livro tenha sido um instrumento nas mãos de Deus para edificar a sua fé e renovar a sua esperança. Que você não apenas leia, mas coloque em prática os ensinamentos aqui compartilhados. E que a sua vida seja um testemunho vivo do amor e da fidelidade do nosso Deus. Minha amiga, que você reconheça e entenda verdadeiramente que é chegado o tempo. Levante-se, creia, avance e *viva*!

Cole sua foto aqui

(Desfrute do seu milagre)

Deixar a cadeira de vítima e me assentar na cadeira de filha foi o melhor presente que eu poderia dar a mim mesma e o maior exemplo que eu poderia dar a eles.

"E Deus fez exatamente como disse que faria!"